本书是2024年度四川省教育科学规划项目重点支持课题
医协同育人研究"（课题编号：SCJG24B078）、2024年绵阳市
题"基于学生健康成长的家校社医协同育人实践探索"、四川
学改革实验区的研究成果。

黄金六年

家长和孩子一起走过 下

主编 何俊 涂久尚 赖小静 王光

副主编 张丹 胥小芸 邹玲 范春艳 谢宝英

西南财经大学出版社

中国·成都

目录

第十一章 ┃ 引导行为，夯实品质　　　074

第十二章 ┃ 热爱阅读，深度思考　　　112

第九章

精心准备，智慧衔接

时光荏苒，小学岁月是一段充满挑战与成长的旅程。每个年级的衔接不仅是知识的递进，更是孩子心智、习惯与能力全面升级的契机。从一年级适应规则、二年级学会自理、三年级培养主动性，到四年级端正学习态度、五年级迎接青春期、六年级全面准备小升初，每一个阶段都承载着成长的足迹与梦想。如何智慧地引导孩子跨越年级的门槛，顺利适应新的学习环境与要求，成为每位家长关注的焦点。本章将细致剖析小学各年级衔接的核心问题，助力家长把握成长节奏，以智慧陪伴跨越每一道成长的分水岭，让衔接不再是"断层"，而是孩子向上生长的阶梯。

一年级
如何培养孩子的时间观念和规则意识

家长的困惑

孩子要上一年级了，幼儿园的作息时间和小学的作息时间不一样，孩子会不会不习惯？上课会不会迟到？会不会不知道上课铃声一响就要进教室？

孩子在幼儿园就坐不住，不是下座位就是跟周围的小朋友说话，上一年级后会不会也这样？

从幼儿园过渡到小学一年级，很长一段时间很多孩子不能适应小学生活。相比幼儿园游戏式的学习，小学的各种规则让他们不知所措，怎样才能让孩子顺利、愉快地度过幼小衔接期？

关键词解读

幼小衔接期是指幼儿园与小学两个教育阶段平稳过渡的教育过程，是幼儿在其发展过程中心理和身体所面临的一个重大的转折期。由于生活习惯突然改变，以及小学较幼儿园有更多的学科学习任务，很多小孩在进入小学后出现害怕老师、拒绝上学、恐惧学习等现象。

育儿实践案例

"迟到大王"小语

开学 2 个月来，小语始终摘不掉"迟到大王"的帽子。上学第一周，他到校很早。第二周也不错，可第三周就不同了。他到了学校，其他小朋友已经开始早读了，小语慌慌张张地拿出书，正要读时，上课了。

后来，小语迟到的次数越来越多，有时候上课铃声响了，小语还在校门口吃包子、喝牛奶；有时候校门刚关就听见小语大喊"等一等，等一等"；有时候第一节已经开始上课很久了，小语才匆匆忙忙跑进学校。小语迟到次数变多后，老师便打电话向小语妈妈询问原因，原来小语早上总是赖床，属于"起床特别困难户"，而且起床后做事磨磨蹭蹭。不管家长怎样催促，他还是慢吞吞的，像一只蜗牛，时间就这样一分一秒溜走，因此早上上学总迟到。

小语除了上学总是迟到，每次上课前他的座位总是空着的。上课铃声一响，所有小朋友都进教室坐得端端正正准备上课，这时他才红着脸气喘吁吁地跑进来。原来他下课玩得忘记时间，直到铃声响起才想起还没去上厕所，只好先去上厕所再回教室上课。

小语做作业也让老师和妈妈头疼。明明很简单的作业，但是对小语来说就是大难题，别的小朋友已经既快又好地完成了，小语才把本子拿出来。回到家，老师布置了复习读课文的家庭作业，照理说，五分钟就能完成很简短的一篇课文复习。可小语一回到家，先叫嚷饿了，要吃东西。好不容易吃完东西，妈妈让他完成作业，他又要上厕所。好不容易厕所上完了，又要喝水。水喝完了，又该吃晚饭了。吃完晚饭，又要到沙发上躺一会儿，直到妈妈不停地催促，小语才回到书桌前慢吞吞地拿出书本，刚翻开书就开始喊妈妈了，"妈妈，这个字，我不认识"。一声声的"妈妈"让小语妈妈的头都快爆炸了。小语总做作业到很晚。

管不住自己的小然

小然是一名一年级的新生小朋友，长得白白胖胖的，非常可爱，嘴也很甜，见过他的老师都喜欢他。

但是小然管不住自己，特别是上课的时候。一上课，他的屁股就像有根刺一样，总是离开椅子在教室乱转。只有老师表扬他，他才能在座位上坐一小会儿。但是过不了多久，又会出现老师在上面讲，他就在下面说，有时候是自言自语，有时候是跟周围的小朋友说话。老师让小朋友眼睛看黑板，他或将手伸到抽屉里玩自己的，或眼睛一直看窗外，老师不管做什么都吸引不了他的注意。

上课时，如果老师讲的内容是小然知道的，不管老师同不同意，他都会打断讲课，站起来滔滔不绝地讲很久；如果老师提问的问题是他知道的，不管老师请没请他回答，也一定会站起来"抢答"。

不管什么课，他都是这样，一节课下来，他不仅什么都没学到，还影响周围的同学，老师也因为提醒他而影响上课的进度。

案例分析

通过上述的案例我们可以发现，小语上课总是迟到，完成作业拖拖拉拉，是因为小语没有良好的时间观念，不会管理自己的时间。而小然管不住自己，是因为缺乏规则意识，他不知道在课堂这样做，会扰乱上课秩序。

如果案例中的小语一直没有养成良好的时间观念，那么以后可能会逐渐形成"拖延症"，既会影响小语的学习，也会影响小语形成良好的性格。

如果小然一直没有规则意识，在课堂不遵守纪律，那么就容易造成课堂上跟不上老师的进度，学习就会有困难。后面也会出现难以融入集体、社交困难的问题，还容易养成强迫思维，自己认准的死理，很难纠正过来。

所以从上述案例我们可以知道，要想轻松愉快地度过幼小衔接期，需要树立良好的时间观念，有一定的规则意识，逐步形成自我管理的内驱力，为终身学习奠定基础。

实操建议

1. 树立良好的时间观念

（1）认识时间

想要孩子有时间观念，就应该让孩子知道时间是什么？孩子平时在生活中可以通过语言和日常的感知来认识时间，比如：认识钟表、一分钟游戏等。父母让孩子知道在有限的时间内能做什么事，能做多少事，这样便能帮助孩子清晰地认识时间，才能合理地管理自己的时间。这样，他在学校也就不会拖拉，相同时间内其他同学能做完的事情，他也能做完。

（2）学会用时间管理表

最初，孩子可能不能独立完成时间管理，家长可以协助孩子，让孩子学会用时间管理表。不管是平时还是假期，家长都可以让孩子把准备好的时间管理表拿出来，把每天要做的事情用"序号+事项"形式，写在这个表格上，并用不同颜色标出事情的轻重缓急，贴在孩子能随时注意到的地方。每完成一项就在后面打一个"√"，并且写上花费时间。如果每天都在进步，或者一直都很不错，家长要及时给予鼓励，这样孩子就会树立良好的时间观念，学习效率也会越来越高。这个时间管理表可以在孩子上小学之后使用，也可以在孩子上幼儿园大班时就开始使用。

（3）做时间的主人

当孩子认识了时间，知道了时间的概念以后，家长可以让孩子试着自己制订一天的时间计划表。例如：选择一个周末，家长和孩子一起商量今天都要做些什么事情，每件事情要花多长时间，比如吃饭需要多长时间、玩需要多长时间、收拾书包需要多长时间。

（4）习惯成自然

有了自己制订的时间计划表并按其严格执行，孩子的时间观念就会慢慢地树立起来了。接下来就是把这种观念用到日常生活当中，在此过程中让孩子承担后果，强化责任意识。例如：孩子早上起床拖拖拉拉，导致早饭时间不够，那么父母就可以狠一下心，不让孩子吃，路上也不要给任何吃的东西，直接去上学。在学校当孩子感到很饿的时候，相信孩子一定会牢记起床不再拖拉，以免耽误吃早饭的时间而饿肚子。这样孩子就知道什么时间该做什么事。

（5）合理利用时间

合理利用时间，其实就是教会孩子合理规划时间。比如：在孩子刷牙、吃早饭的时候，家长可以放故事给他听，告诉他："我们可以在相同的时间做更多的事情，学到更多的知识。"家长也可以边做家务边听新闻、听音乐，以身作则告诉孩子合理利用时间。长此以往，孩子就会主动地寻找节省时间的方法，为他以后高效率地完成事情奠定基础。

（6）学会和时间赛跑

我们要让孩子学会和时间"赛跑"。例如：数学中同样一道题，考试的时候孩子会比平时做练习更快，这是因为限时效应。考试必须在规定时间内完成，孩子的专注力会比平时更高，完成率也更高。我们可以让孩子在平时生活中也和时间"赛跑"——今天吃饭比昨天少用了几分钟，今天出门比昨天快了几分钟，今天穿衣比昨天又快了几分钟……当孩子比昨天有进步时，家长及时表扬孩子是"时间管理小能手"。相信得到家长的表扬，孩子会更有动力。学会和时间"赛跑"后，小学令人头疼的作业也能在规定时间内完成。

2. 如何培养规则意识

规则意识，实际上是为了大家能够和平相处，共同做好一件事而产生的一些要求，是大家要共同遵守的。规则也是为了更好地交流、更好地做事情。那我们怎样培养孩子的规则意识？

（1）亲身示范

对于小一点的孩子来说，家长可以从每天的日常生活做起，通过亲身示范来帮助他树立规则意识。

当家长告诉孩子不能做某件事时，必须同时示范正确的做法；说明不能做的原因；指导具体执行方式。比如过马路要走斑马线，遇见红灯要等一等，是因为横穿马路遇到车辆容易受伤。甚至可以给孩子找一些违反交通规则的视频，让他知道违反交通规则的后果。家长带着孩子外出，要遵守交通规则，不闯红灯，走斑马线，给孩子做正确的示范，孩子才会深刻地记住。

给孩子制订的规则，家长首先要遵守，孩子看到家长都严格遵守了，也会自觉遵守。其实，家长若以身作则，孩子自会潜移默化地习得良好行为习惯。

（2）制定生活常规

家长可以从日常生活做起，通过建立"一日生活常规"帮助孩子初步树立规则意识。

家长可根据孩子的日常生活规律，制订一份简单、容易执行的日程表，并与孩子一起坚持执行。在日程表中，我们可以根据孩子的能力增添一些生活常规，先从简单的常规做起，逐步过渡到一些稍微复杂的常规。例如，孩子回家先做作业，再玩耍，后逐步过渡到，孩子学会收拾书包、整理玩具。制订生活常规可以和前面的时间管理表相结合，两者是相辅相成的。

（3）让孩子参与规则制订

我们通过制订日程表或者日常小规则来让孩子明白什么是规则。当我们制订日程表或者生活常规时，可以跟孩子一起讨论和商量，让他为自己制定一些规则，并且由孩子自己来决定一些关键要素。例如：当我们在跟孩子商量每天写作业和游戏的时间时，可由孩子来决定这两个活动的时间、时长、惩罚和奖励。当然，我们要与孩子进行讨论，确定一个相对合理、可执行的方案。

对孩子来说，亲自参与规则的制定，可以培养主人翁意识。自己制定的规则，孩子也会更愿意去执行，从而培养良好的规则意识。

（4）明确规则细节

和孩子制定规则的时候，家长一定要把规则给讲清楚，明确规则中的细节，让孩子理解规则。

（5）通过游戏引入规则

对于小朋友来说，玩游戏也是一种很好的培养规则意识的方法。玩一些需要遵守规则的游戏，能够让孩子在游戏中学习规则。

举个例子，有些小朋友在学校出现上课时离开座位、说话、不排队等情况，那么我们可在游戏中重现小朋友不遵守规则的场景，来引导孩子认识规则并遵守规则。

再比如孩子在课堂上总爱说话，那么我们可以让孩子扮演老师，自己扮演不遵守规则的学生，上课时不认真听课，故意讲话，或者做他平时做的事情。让孩子体验老师的角色，站在老师的角度看待课堂上违反规则的行为，可以让他更好地认识课堂规则。

家长还可以带他去公共场所跟其他小朋友一起玩，让他学会排队、等待、轮换等，玩游戏过程中学会遵守游戏规则。

（6）监督与奖惩

制定完规则后要形成一种监督和奖励机制，只有有奖有惩的机制才能充分地调动孩子的积极性。孩子没有遵守制定的规则，就应该受到惩罚；孩子遵守了规则，家长要及时表扬和奖励孩子。

我们还要坚持原则，制定了规则就要遵守，不能因为自己不想坚持就放弃，但是整个过程的语气和表情都要平和。制定规则，不是为了惩罚孩子，而是为了让孩子明白什么是规则，我们该怎样做。

在幼小衔接期，孩子需要掌握很多能力，但是当孩子有良好的时间观念和规则意识后，其他能力也能很快、很好地学会并掌握。这样一来，家长还愁孩子不能适应小学生活，不会爱上小学，不能愉快地度过小学时期吗？

二年级
如何培养孩子的自理能力

家长的困惑

孩子上二年级了，在自理能力方面还很欠缺。有的孩子事事都依赖大人，每天晚上做完作业不收拾书包；有的孩子起床时要求爷爷奶奶帮助穿衣服；有的孩子甚至在洗漱时需要家长挤好牙膏……

孩子要怎样才能做到自己的事情自己做呢？

关键词解读

自理能力是指个体在无须他人协助的情况下，独立完成基本生活事务、管理自身需求的能力。著名教育家陶行知先生曾说："滴自己的血，流自己的汗，自己的事自己干。靠天靠地靠老子不算是好汉！"一个人来到这个世界上，能够依靠的只有自己。孩子的独立自主不仅仅是为了让孩子获得更强的社会能力，更重要的是可以让他们变得自信、乐观和不易被欺负。即使是大富豪、大投资家，他们也经常教育子女，自己的事情自己做。没有人可以永远依靠别人，当孩子拥有独立自主的能力后，就能够去做自己擅长的事情，从而获得幸福感。培养孩子自己的事情自己做，即培养孩子的责任感和学习能力，这和我们学习书面知识并不相冲突，还能让孩子在学习上取得事半功倍的效果。

《义务教育劳动课程标准（2022年版）》强调学生的直接体验和亲身参与，注重动手实践，手脑并用；注重引导学生从现实生活的真实需求出发，亲手操作、亲身体验。

初育儿 路坎坷

　　儿子小杰来到我们这个小家庭时，那年我 27 岁，第一次做妈妈，像所有的新手妈妈一样，我爱他！生怕错过他的每一个成长细节，花了大量的时间陪伴在他身边。感受他成长过程中的每一个小小的变化——会翻身了、出牙了、会爬了、走路了、上幼儿园了、读小学了……用亲子阅读、智力开发、各种他喜欢的兴趣班等填满他的所有童年。因为当时只有一个孩子，我也很年轻，精力旺盛，所以无论上什么课，做什么活动，我总是做好所有的后勤工作，让他专心学习或玩耍。上小学后，矛盾渐渐凸显出来，他总是忘记带作业本或练习卷，就算是带到了学校里，也老是忘记交。我经常在课间十分钟接到他的电话，情况无一例外——"妈，帮我送一下……下节课要用。"这一送就是五年，直到他五年级升六年级去读寄宿学校。还有一次足球比赛，轮到他上场时才发现忘记戴护腿板，那一次是他自己整理的足球包。儿子是足球队里的左边锋，临时上的替补不太熟悉情况，结果他们队惨败。面对队员的指责，儿子很自责，我也难辞其咎，深刻地意识到培养孩子自理能力已刻不容缓。在这几年时间里，我也想过一些办法让他自己收拾整理书包，但由于没有从小培养，都收效甚微。小学的这几年，他的学习成绩还算优异。读寄宿学校后，我才真正明白孩子的自理能力和学习同等重要。内务得分和考试的分数相加构成了孩子的总分，儿子的自理能力差，内务得分又影响着他的心情，刚入学就当头一棒。有一次，我中途去送雨伞，他白色的校服上油迹斑斑，裤子还前后穿反了，鞋带松散被踩得全是泥，非常狼狈。这种情况下他的学习成绩也出现断崖式下跌，连带着自信心也严重受挫。

　　课堂上有很多的练习卷，他不懂分类整理，常常是老师都讲了好几道题，他还没有找到试卷。老师批评他，他更不知道该怎么办了。过几分钟找到试卷，但已被揉得皱皱巴巴，听课的心思全没了。在学校寄宿 1 个月后，他就表现出焦虑、不自信、不喜欢学校。我们很爱他，却不能陪他走完所有的路，也没有办法陪他承受所有的压力。这世上的爱有很多种，只有父母对子女的爱是为了更好地分离。我和他爸爸痛定思痛，利用每周周末手把手教他叠被子、快速整理衣物、收拾行李箱。到学校开家长会时，他爸爸现场教他如何整理书桌、给试卷分类、编号等。这中间大概用了一个学期的时间强化训练，慢慢地，他不再手忙脚乱，每次返校都自己整理物品，认真核对，反复确认。学习上也慢慢进入正轨，找回了自信，那个阳光大男孩又回来了。

小背包 大用处

可能是因为我们对哥哥小杰的自主能力培养方面比较"失败"，生了二孩后，针对妹妹小香的自理能力培养就起步得比较早了。我们在小香会走路时就给她挎上一个包，里面装着纸巾、糖果、小手帕等。在两岁左右我们就开始引导她自己装自己需要的东西，比如今天准备出门玩沙，那就装上小铲子、小沙漏；准备去喂海鸥，就装上小饼干或面包。有一次去三江码头，她看着别人喂海鸥非常眼馋，我狠心没有给她买任何东西。当天晚上，她就把小饼干装进了包里，为第二天做准备。当然我也及时地表扬肯定了她，并引导她整理物品的一些要领。

上幼儿园后，我们更是每天坚持让她自己整理书包。我负责看天气预报，再告诉她是否需要带厚衣物等。读到大班时，她俨然一个"整理小达人"。大班的那一年，幼儿园要求每天带跳绳、水彩笔、画板、水杯等。为了不遗漏物品，我们在家做了一个小册子，上面有日期、星期、所需物品名称。她每准备一项，就在物品下面画一个勾。直到现在，妹妹整理物品都喜欢列一个清单，会写字就写字，不会的就画图。还养成了她随身带小笔记本的习惯，毕竟"好记性不如烂笔头"，有时候将记不住的写在本子上也是个不错的办法。

如今，妹妹上小学两年了，在这期间还没有收到过给她送书本的求助信号。每天晚上写完作业，她总是很认真地看课表，仔细检查第二天的所需物品。她的书包里又多了好几个小包，有装笔的、装奖票的、装纸巾的、装 A5 小练习单、装 A4 大练习单的、装小棍的、装手工纸的……繁而不乱。

在闲暇时间，我最喜欢翻看妹妹的百宝箱，里面有她搜集的各种小玩意儿：头饰、小风扇、亮晶晶的石头、心形的回形针、笑脸鱼尾夹……每一种东西都被她妥善地安置，住进了它们特有的"宫殿"。每看到这些，我就想着小香以后不一定非常优秀，但一定是一个热爱生活的人。

案例分析

通过以上案例，我们可以发现，即使在同一个家庭里，由于养育方式存在差异，孩子们表现出的发展结果也会截然不同。比如家长对哥哥小杰的包办溺爱，导致哥哥没有机会学习自理，进而影响自理能力；妹妹小香反之，家长及时放手，从小培养，妹妹提高自理能力的同时还获得了成就感。

实操建议

1. 营造良好的亲子关系，和孩子做朋友，帮助他们迈出自理的第一步

（1）给足孩子关爱感

关爱感就是孩子与最亲近的人的关系。孩子最亲近的人就是父母，他能第一时间感受到父母的喜怒哀乐。孩子最喜欢玩耍，除了玩耍，其他事情对他来说都很无聊。父母的快乐对他来说就是强需求，只要孩子做了一点点小事，父母就要表现出很开心的样子。"宝贝，今天你主动整理书包，妈妈为你感到骄傲，我们的宝贝上二年级了就是不一样。"当孩子听见父母肯定的语言，下一次他一定会去尝试。

（2）给孩子适当的自由和空间

当孩子要自己开始做事时，家长要放手，让孩子自主决策和承担风险。家长可以在孩子遇到困难时给予帮助和支持，但最终的决策和执行应该由孩子自己来完成。例如，一位妈妈有一次和她的孩子小歌整理书架，妈妈认为幼儿园的画册及四岁以前的书都应该束之高阁，把部分一、二年级规定看的书目放到触手可及的地方。但小歌对妈妈的安排不服气，觉得妈妈太武断，下次不想和妈妈一起整理书架了。这时候爸爸来到房间，说："你听听孩子怎么想的！"小歌表达了自己心里的想法：她很怀念幼儿园生活，还要经常翻看画册，看看她喜欢的老师、熟悉的同学、到处都是玩具的校园……至于那些四岁以前的绘本，小歌依然觉得很有趣，还会经常拿出来看看。后来父母还

是尊重了小歌的想法，但也凸显了问题，那就是每晚睡前读书都要爬到凳子上才能拿到现在要读的书。过了一段时间，小歌自己也觉得不太方便，便将书换了位置。

（3）给足孩子成就感

成就感指一个人做完一件事情或正在做一件事时，为自己所做的事情感到愉快或成功的感觉，即愿望与现实达成平衡产生的一种心理感受。这也是孩子在幼儿园喜欢表现自己的原因，老师会及时地表扬他，并让其他孩子向他学习。家长可以尝试写奖励贴的方法，即买一些五颜六色的即时贴，每当孩子做了一件小事，就写下来，贴在孩子能看见的地方。写奖励贴的步骤如下。

第一步：描述孩子的行为。

第二步：讲出事情的结果。

第三步：可以表达家长的感受或期待。

2. 家长要有一颗包容之心，给孩子试错的空间，同时也要让他们成为自己的主人

（1）给孩子自主感

自主感是孩子和自己的关系，他是不是心甘情愿去做这件事，并在这件事情上获得成就感。每一个孩子都是独立的个体，他有自己的想法，很多时候当家长把自己想法凌驾于孩子之上，孩子就不愿意配合。当孩子第一次尝试整理书包，作为家长不要去作评价。第一次做肯定做得不好，有可能没有分类，还有可能练习本的角被弄卷了等。好和坏的标准应该由孩子自己去评定，家长要做的就是鼓励、肯定。也许孩子这一次到学校后发现翻半天才找到口算题单，又折腾了好一会儿才拿出音乐书来，他就会明白用心整理书包的重要性。家长别着急，孩子再次整理时他会特别留心，我们要给够孩子成长的时间，让他慢慢来。

（2）给孩子能力感

我们给孩子安排的事情一定要在他能完成的范围内，而且关键时刻还需要父母推他一把（也就是帮忙）。如果要让一个二年级的孩子整理他自己的房间，面对那么多的书籍、衣物、玩具、家具，有时候大人都不知道如何下手，何况一个孩子呢。这种情况我们可以分工，这一次只整理一小部分，或者只整理玩具。当孩子发现自己对这件事可控，得心应手时，他就会对自己有正向的评价。我们就去表扬他做得好的那一部分，给一个正强化，千万不要只说一句："自己把自己的房间收拾了！"那样孩子就会很迷茫，也会很有挫败感，下一次会很害怕收拾房间。

（3）鼓励孩子尝试新事物

家长要鼓励孩子尝试新的领域，学习新的技能，可以从孩子的兴趣出发。例如，小梅是一个妥妥的吃货，每次遇到美食都不会错过。小梅特别喜欢吃烤苔皮，于是妈妈在家里用电饼铛烤给她和哥哥吃。利用这个机会，妈妈对小梅说："要是妈妈哪一天比较忙，而你又想吃怎么办？要不自己尝试做一下？"小梅有很多的理由不想尝试，如怕烫手、怕做出来不好吃等。妈妈和哥哥都鼓励她，并手把手地教小梅如何放油、放苔皮、什么时候翻面、什么时候撒料、怎样穿竹棍……小梅做第一张时确实会有些手忙脚乱，多尝试几次就熟练多了。

二年级的孩子可以做的事情还有很多，我们可以从孩子自身入手：穿戴，整理书包、自己的书桌和房间。家务方面可以初步接触电器：学习使用电饭煲做饭、使用吸尘器和微波炉、衣服分类放进洗衣机、喝完牛奶洗杯子、洗碗等。当寒暑假一家人要出行时可以让孩子参与准备：列采购清单、与爸爸妈妈一起制订出行计划、规划路线等。

三年级
如何激发孩子学习主动性

家长的困惑

不少人认为："一二年级相差不大，三四年级两极分化，五六年级天上地下。"三年级是很多学生成绩的分水岭，是小学的转折期。三年级究竟"转"在哪里呢？

一转：转在生理和心理特点变化明显，是培养学习能力、情绪能力、意志能力和学习习惯的最佳时期。二转：转在孩子从一名儿童成长为一名少年，逐渐有主见。三转：转在孩子的情感发展由易变性向稳定性过渡。从情感外露、浅显、不自觉向内控、深刻、自觉发展。四转：转在从被动的学习主体向主动的学习主体转变。

怎样才能激发孩子学习的主动性呢？

关键词解读

主动性是指人在完成某项活动的过程中，来源于自身并驱动自己去行动的动力强度。

学习主动性分为以下四个层次：①自觉地完成学习任务；②主动积极的学习状态；③保质保量完成学习任务；④主动超前或拓展学习。

育儿实践案例

夕夕脸上的笑容又回来了

夕夕从小就是家人眼中的乖乖女，邻居眼中那个"别人家的孩子"。父母都是高校教师，从夕夕进入小学起，家人就力争：唤醒孩子的自主意识，让孩子积极、主动、有效率地学习。

一、二年级时，夕夕学习非常轻松，成绩名列班级前茅。进入三年级后，妈妈和爸爸觉得夕夕学习课本知识过于轻松，就擅自给夕夕增加了数学、英语等拓展学习，把运动、动手类的课外班取消了。但是问题也就随之出现了，夕夕学习开始磨洋工，作业正确率降低，成绩也随之下降。妈妈第一时间拨通了老师的电话，询问夕夕的上课情况，老师也感觉夕夕最近有些懒散，回答问题不积极，注意力不集中，遇到难题总想等老师的答案。

妈妈和爸爸陷入了沉思，孩子怎么会出现这样的情况呢？

一个静谧的夜晚，吃过晚饭，看夕夕心情不错，妈妈便约夕夕一起到学校操场散步。一边走，妈妈一边自言自语地说："唉，最近接新生可把我忙惨了！好累呀！"夕夕接过话："我不累吗？所有时间，你们都在说作业，全是要求，就像魔咒一样控制着我；我知道学习、作业重要，但你们把我当成作业的工具，我就不开心，我要反抗；特别是爸爸，在他眼里，好像我还没有作业重要。我就想偷点时间，玩玩想玩的。"不吐不快，今今一口气把自己的委屈和不满全说了出来。

换位思考下，我们小时候，父母工作忙，没时间管我们。我们反倒一回家就主动写作业，写完后自己检查。

难道是管得太多？妈妈赶快翻出书柜里沉睡的儿童心理学书籍，读完后，反思自己对今今的管理，确实存在一些干扰孩子主动学习的问题。于是，妈妈和爸爸达成共识，开始改变。

一改，将一味盯着孩子学习，改为用多元化的视角静待孩子成长。

今今身上也有闪光点，她有自己独特的兴趣爱好，家长用多元的视角，去观察，去发现，帮助她发展特长，帮助她发掘潜力，取消了数学、英语拓展训练，恢复了她最喜欢的古筝学习，放学后陪她跑步、跳绳、拍皮球。今今脸上的笑容终于又回来了，作业更加积极主动了。

二改，将一味批评指责，改为谈感受和帮助解决问题。

在情绪将要爆发的当口，家长尽量复述自己当时的感受，如看到孩子书写不认真时，可以说："看到这些歪七扭八的字，妈妈有些生气。"而不是说："你的字怎么这么丑？"发火指责只会加重孩子的自尊弱化，重复多了，她就会用哭闹、放弃来抵抗。这个时候，可以怎么做呢？我们可以跟孩子一起找找今天写得最好的那个字，然后问问孩子，这个漂亮的字，你是怎么写好的呀？或许这样，孩子就愿意主动把每一个字都写到最好了。

三改，将把孩子与别人比较，把孩子的今天与昨天作比较。

每个孩子都是独一无二的，如果我们经常对孩子说："你看人家小东，这次考试又考了全班第一名。"你知道，孩子会怎么想吗？有的孩子会想：你看别人家的妈妈多温柔，爸爸多能干。也有的孩子会受到打击，觉得自己哪都不行，从而形成自卑的心理。我们要让孩子跟自己比，今天的她跟昨天的她比，可能她今天比昨天多做了一道题，今天比昨天完成作业的时间快了十分钟。这样才会激发孩子的主动性，提升她学习的信心。

孩子是一个真实的存在，每一天都在努力成长，接受他们的优点和缺点，就像接受不完美的我们自己一样。为他们托底，我们就会看到越来越积极主动的孩子。

哥哥变得主动了

哥哥和妹妹是一对双胞胎。在小学一、二年级时，妹妹在学习方面的表现非常优秀，而哥哥一直徘徊在中等水平，学习过程中有严重的畏难情绪，只要遇到不会解决的问题，就会第一时间找大人寻求帮助，很少会去主动思考。妹妹不仅学习成绩优秀，还担任着班级和少先队的职务，哥哥曾多次感叹：只有妹妹才能做到。

上三年级后，爸爸妈妈发现哥哥在体育运动时，动作敏捷，学习能力强，在一些竞技比赛中经常取得好成绩，就适时鼓励他：只要努力，认真投入，你也可以做得比别人好。长此以往，在篮球、乒乓球、足球、排球等方面，哥哥相比同班同学就有了明显的优势。运动给予了他乐趣、挑战和成就感，让他的性格也变得更加坚韧。此后，他的学习态度逐渐发生了变化，课堂上更加专注、积极，时不时会回家分享课堂中的趣事。

后来，在班级小队长换届选举时，爸爸妈妈鼓励他参加竞选，他不负众望，高票当选。同时他也明白，如果自己以后学习成绩不好，将无法得到小伙伴的信服，唯有更加努力，奋勇争先才对得起这份沉甸甸的荣誉。随着心态的改变，哥哥的学习主动性增强了，课堂上更加主动参与互动，作业正确率大幅度提升。他每天还主动进行课前预习、课后复习和课外阅读，学习效率和质量得到显著提升。同时，爸爸妈妈在课外继续鼓励他多参加喜欢的体育运动，这样既能锻炼身体，丰富课余生活，也能结交更多的好朋友，还可以适当舒缓学习上的压力。

爸爸妈妈对哥哥长处的肯定，让他树立了努力才有回报的信念；通过班级的岗位竞选，哥哥收获了荣誉又承担了一定的压力；在紧张学习的同时，鼓励他多参加喜欢的体育运动，缓解学习上的压力。在三年级一年的学习中，他的成绩稳步提高至班级前列，畏难情绪显著改善，学习也由被动逐渐变为主动。

案例分析

在案例"兮兮脸上的笑容又回来了"中，兮兮本来是一个"别人家的孩子"，从小机灵、聪慧，兴趣爱好广泛。但随着年级的升高，父母觉得应该以学业为主，未经兮兮同意就擅自给她增加了学科类拓展学习，而取消了"好玩儿"的兴趣班，导致兮兮情绪低落。幸好，妈妈在学习反思后，找兮兮谈心，了解到了孩子的苦恼，并迅速改变了教育的态度和策略，最后兮兮脸上的笑容终于又回来了，做事主动了。真是应了那句话："改变孩子，要从改变父母开始。"

在案例"哥哥变得主动了"中，哥哥一直生活在妹妹的光环下，对自己没有信心。后来，爸爸妈妈找到了激发孩子主动学习的突破口，从孩子最擅长的体育运动入手，培养孩子的自信心，当孩子有了信心以后，又激励孩子参与班级岗位锻炼，有了岗位，就有了一份沉甸甸的责任和奋力拼搏的勇气，这样，哥哥就有了学习的内动力，成了德智体全面发展的孩子。真是"一把钥匙，开一把锁"，家长的任务，就是找到正确的"钥匙"。

实操建议

1. 帮助孩子建立良好的学习动机

引发学习动力的原因，可分为外部学习动机和内部学习动机。

外部学习动机来源于外在的附属物，较多地受外在的因素影响。例如，孩子考了100分，爷爷和奶奶奖励给孩子100元，如果下一次不奖励钱，孩子就失去学习热情了。

内部学习动机来源于孩子内在的学习需要，是发自内心的一种积极能动力量。例如，一个孩子挑战高难度的"数独"，做完以后，发现了一处错误——有一行重复了一个数字，他一定要找出出错的原因，并把所有的数字都准确无误地填入九宫格里才肯罢休。他因为战胜了困难，获得了成功的体验，愈发喜欢挑战更高难度的"数独"。这就是因为获取知识的乐趣和成就感而产生的内在学习动机。

对于年龄较小的孩子，外部学习动机在激励孩子学习和养成良好学习习惯方面是有重要作用的，但随着孩子年龄的增长，到了三年级，外部学习动机的作用会慢慢转弱。此时，激发孩子的学习兴趣至关重要。如果孩子对学习的内容产生了较强的好奇心，便会产生探究的欲望，从而自发主动学习以满足自己的好奇心。例如，孩子学习了"昆虫备忘录"一课，了解了蜻蜓、瓢虫、蚂蚱的秘密，还想了解更多的昆虫秘密，便主动阅读《新昆虫记》《酷虫学校》等系列书籍；或走在公园或路上，发现草丛里的昆虫，孩子便会停下脚步，细细地观察一番。

2. 帮助孩子找到适合的学习方法

学习方法是影响学习效率的重要因素。一把钥匙开一把锁，每个孩子都是独一无二的个体，所以，适合你的方法，不一定适合他。不同感官偏好的孩子，适合的学习方法也不尽相同。

视觉偏好者，喜欢看图片、画面，难以理解口头指令。这样的孩子用图表、思维导图记笔记、整理知识是很好的学习方法。

听觉偏好者，喜欢听故事、音乐，也有很好的表达能力。他们听课的效果和记忆力很好，成绩通常比较出众。这样的孩子边学习边听音乐或口中念念有词地学习就很适合。

动觉偏好者，喜欢通过活动来学习，很容易被当成"问题学生"。当这些孩子学习一段时间后，可以鼓励他们站起来或小幅度活动一下身体，记忆时配合身体动作，或与人讨论以增强记忆效果。

在三种感官偏好中，视觉学习者约占50%，听觉学习者约占20%，动觉学习者约占30%。家长如能帮助孩子找到合适的学习方法，相信孩子的学习效果就会事半功倍。

3. 指导孩子用思维导图辅助学习

三年级知识更为抽象，知识点之间有更多的联结，要求学生具有综合运用知识的能力。然而，孩子在学习复杂知识的过程中，需要一些更为直观形象的方式，来帮助他们理解新知识，找到知识点之间的联系，更为系统地思考。

有没有这样的魔法道具呢？

当然有，就像魔法师表演魔术需要道具一样，思维导图就是将形象思维转化为抽象逻辑思维的最好桥梁。思维导图起始于一个中心概念，像树枝、叶脉一样向外发散，接收细节信息，如实地反映大脑的活动。例如，听到"苹果"这个词语时，你可能会联想到红扑扑的颜色或圆圆的形状，也可能会联想到甜甜的香味或者脆脆的口感。

思维导图适合运用在哪些地方？

（1）制订学习计划

三年级学生的学习能力较一、二年级提升了很多，他们往往不满足于父母或老师的安排，他们觉得自己长大了，想自己安排学习、生活、活动计划，我们不妨引导孩子用思维导图罗列自己的计划。

（2）复习学过的知识

"学而时习之，不亦说乎。"随着三年级知识量的增加、学习难度的提升，孩子进行阶段性的自主复习是很有必要的。比如学习语文一个单元之后就可以用思维导图进行复习。

（3）解答数学应用题

画图解数学应用题是最常用的思维导图形式，现在的数学应用题题干都比较长，学生读一遍、两遍都不一定能厘清题意，但如果我们一边读题，一边画思维导图，就能很快凝练出主要信息，降低了思维的难度。

（4）梳理文章脉络，学习创意写作

从三年级开始，孩子进入到真正的习作阶段。有的家长会感到焦虑，那么给孩子报个写作班吧！给孩子买几本作文书吧！其实，孩子学习写作最主要的阵地是课堂，最好的范本是语文书上的课文。那如何将课堂、将书本上学到的知识迁移运用到自己的写作中呢？我们不妨以三年级上册《语文》第一单元习作指导"猜猜他是谁"为例。

首先，我们用思维导图梳理课本第一课和第二课的文章脉络。

其次，孩子选择自己的描写对象，从人物的外貌、性格、爱好、品质等方面，用思维导图勾勒自己的习作提纲。

最后，根据习作提纲，确定详略，运用优美的词句完成作文。

4. 培养孩子的勤奋

"天才等于99%的汗水加1%的灵感。"中年级是培养孩子勤奋的最佳时机。勤奋不仅影响孩子的学业成绩，更影响孩子的终身发展。勤奋不是天生的，而是需要家长培养的。怎样培养一个勤奋的孩子呢？

（1）寻找历史长河中和身边的榜样

古今中外，有很多勤奋的榜样。如王羲之的儿子王献之小时候练字，问母亲何时能超越父亲，母亲说，要练完十八缸水。献之练完三缸水后，迫不及待写了一个"大"字给父亲看，王羲之觉得结构有些松散，便在"大"字下面加了一个点。随后献之将加点的"太"字拿给母亲看，母亲看后说道："吾儿磨尽三缸水，惟有一点似羲之。"献之明白那一点是父亲写的，此后，更加刻苦地练字，终于成了著名的书法家。

孩子身边最好的榜样就是家长，家长爱学习、爱生活、勤奋工作，也会潜移默化地影响孩子。

（2）提升孩子抗挫能力

孩子小，承受压力的能力也相对较小，所以，家长也要把握好孩子的挫折体验度。例如：一位在外地工作的家长，第一次因孩子犯错体罚了孩子，临走时还威胁孩子，要是还不改正错误，下次回来就要加倍惩罚。因此，当预计家长要回家时，孩子怕再次受到惩罚，就偷偷离家出走了。结果，弄得全城人民帮着找孩子，直到晚上 12 点，才在城郊接合部的一个角落找到孩子。想想这样的情景，是不是很可怕？

所以，家长既要让孩子经受一定的挫折，又要注意关注孩子受挫后的表现，尤其是微表情的变化，鼓励他们积极动脑筋、想办法，战胜挫折，勇往直前。

（3）时时督促，反馈评价

三年级的孩子自控能力还比较差，有些孩子耍小聪明，喜欢"钻空子"。如有的小朋友看到可以几个小朋友一组在老师处背诵课文，他就会抱着侥幸心理，跟别人一起滥竽充数。如果一次侥幸过关，他就再也不愿意自己花时间和精力去背了，每次都想蒙混过关。

家长每天询问孩子上课学习情况，让孩子当小老师复演上课情形，查看孩子课堂笔记、作业纠错情况都是很好的督促。孩子做得好，表扬他学习认真，方法恰当，学习效果好。孩子做得不好，家长可以提出具体的改进意见，帮助孩子成长。

四年级
如何帮助孩子端正学习态度

家长的困惑

　　孩子每天回家后或长假在家时就想着玩，做作业从不主动，需要家长反复提醒。做作业的过程中，孩子总是能找到各种借口离开书桌，比如上厕所、喝水、吃东西……越强调作业的重要，孩子越敷衍；如果放手不管，孩子干脆不写。这样的"拉锯战"不仅使家长耗费了大量的时间和精力，还在一次次的发火和争吵中，破坏了原本亲密无间的亲子关系。现在一提学习，家里就鸡飞狗跳。难道端正学习态度只能靠孩子"突然开窍"吗？该怎么做才能让孩子从"要我学"变成"我要学"？

关键词解读

　　学习态度是指学习者对学习较为持久的肯定或否定的行为倾向或内部反应的准备状态。它通常可以从学生对待学习的注意状况、情绪状况和意志状态等方面加以判定和说明。学生的学习态度，具体又可包括对待课程学习的态度、对待学习材料的态度以及对待教师、学校的态度等。学习态度的端正决定于学生的内在动机水平、自我效能感、家庭教养方式、学校教育生态、情绪调节机制等多方面因素。

育儿实践案例

小方法　大改变

　　一位全职主妇小雯告诉我，她平常没事会刷刷短视频、看看电视，假期还能带孩子一起逛商场、旅游……"在孩子四年级前这是我们的生活常态。"她如是说："那时孩子的作业根本不是我担心的事情。"但自从去年9月，孩子上小学四年级后，最让她"崩溃"的事情就是辅导孩子写作业了。她坚持每天陪着孩子写作业，但在陪伴孩子写作业的过程中，她常常被四年级作业量的增多"打败"，而且孩子依旧是个典型的"好奇宝宝"，遇到点问题就问，给孩子讲解题目又是一件"费力不讨好"的事情，辅导作业的整个过程经常令她"发自内心地绝望"。而在与其他家长的交谈中，她发现其实学校布置的作业并没有那么多，其他的孩子大多数也能快速地完成家庭作业。问题到底出在哪里，她百思不得其解。

好在小雯是一个非常善于学习的家长，她通过阅读书籍、与班级其他家长进行交流、定期与老师沟通等方式，不断调整作业辅导方式。首先，改变辅导方式，由全程监控式改为半扶半放，和女儿约定每科作业时间，细分作业难度，先完成容易的，再做有难度的题。其次，女儿做作业时，小雯在另一个房间安静读书陪伴，不再看手机，家中尽量营造安静环境。若女儿在约定时间内完成作业且质量较高，及时进行鼓励，遇到难题，一起分析关键信息，找到疑惑点，调整情绪，不再挖苦、抱怨，不断提升女儿的自信心。就这样，在不断地尝试中，女儿写作业的习惯有了很大的改善，在四年级下半期，女儿的作业基本上变为独立完成，亲子关系得到极大改善。

案例分析

小雯前期全程监控写作业的模式，虽是出于关心，但无意中让孩子将作业视为"为妈妈完成的任务"，而非自己的责任，过度的外部控制，如监督、催促，会抑制孩子的内在动机，导致其丧失主动探索的意愿。四年级课业复杂度明显提升，但孩子仍沿用低年级的"即时求助"模式，在任务难度超出个体应对能力时，会触发其焦虑与逃避行为，因此妈妈小雯感到"费力不讨好""发自内心的绝望"。

小雯通过重构学习支持策略，实现孩子态度与能力的同步提升，案例中孩子的"态度问题"实为底层能力不足的外显，表面的拖延、依赖、畏难，实为孩子的任务分解能力弱、时间感知模糊、情绪调节策略缺失。当小雯从"监工"转为"同伴"，亲子关系由原来的"对抗消耗"变为了"合作赋能"，这一转变显著提升了关系质量，进而增强了教育效能。

实操建议

1. 树立正确的作业辅导观

作为家长，在面对孩子日益增长的学业需求时，树立正确的作业辅导观显得尤为关键。这不仅是对孩子学习过程的支持与陪伴，更是对他们成长道路上的一次深刻引领。正确的作业辅导观不仅能够帮助孩子养成良好的学习习惯，提升学习效率，还能促进亲子关系的和谐，为孩子营造一个积极向上的学习环境。

大部分家长抱怨作业辅导难，面对孩子不会的题，家长首先是质疑，质疑孩子上课有没有认真听讲、质疑老师有没有讲过类似的题、质疑自己知识水平的高低。这时，家长首先想到的是寻求老师的帮助。教师经常听到家长说："老师，我们家孩子只听你的话，你帮我给孩子规定，回家之后必须完成作业才可以做别的事情。""希望老师可以规定孩子做作业的时间，这样可以让作业拖拉的孩子有紧迫感，加快作业完成的速度。"家长面对孩子做作业时的各种棘手的问题，也正好说明家长缺乏正确的作业辅导观。

完成家庭作业不是最终目的，而是达成培养孩子良好习惯的一个重要过程。面对孩子不会的作业，指责、质疑、挖苦没有任何正面效应，只会让孩子厌倦作业。孩子从父母的语言、眼神里得到的若多是否定，自然会对作业失去了信心，对学习失去了动力。

合理的评价机制是必不可少的。在辅导孩子家庭作业的时候，家长一定要注意奖惩有度，赏罚分明，立足于孩子良好学习习惯的培养，关注他们的身心健康。家长应在作业辅导中发现孩子的闪光点，并抓住这个闪光点，进行具体表扬，树立起孩子的信心。奖励机制可以是语言表扬、实物奖励、行为奖赏，内容形式应该丰富多样。面对孩子不会的作业，切忌质疑。正确的做法是，通过提问、启发、诱导孩子思考，找到薄弱点，对症下药。如果是一些提醒再三的小错误，应及时惩罚。惩罚机制可以是多做一道题、扫地、跳绳等实现起来难度不大、对孩子身心没有损伤，但需要通过一定思考或劳动才能完成的事项。

小学低段学生家长在辅导家庭作业时，以表扬、激励为主。而中高段的学生在生理和心理上成熟很多，独立意识更强，逻辑水平更高，家长在辅导家庭作业时，要更加注意参与程度的把握，与孩子共同建立评价机制，适当放手，着重培养孩子独立思考、主动学习和终身学习的能力。

2. 营造友好的学习环境

家庭环境的布置能够促进孩子学习效率的提升。家长尽量给孩子设置一个安静、整洁、光线充足、相对独立的学习空间，这个空间可以是家里的一个角落，配备必要的学习工具，如书桌、台灯、书架等，物品摆放要整洁、一目了然，书、笔、橡皮、尺子都应该放在随手可拿的位置上，并鼓励孩子参与装饰，使其感到温馨且富有个人特色。当孩子进入这个空间，有助于他们集中注意力，快速进入学习状态，潜移默化塑造孩子对"学习仪式感"的认知。

当孩子学习时，应尽可能地减少干扰，家庭成员尽量不要大声喧哗，不要播放音乐和电视，学习室内最好不要摆放与学习无关的物品，比如杂志、贴画、游戏设备等。孩子在学习期间，家长尽量减少打扰他的次数，尤其不要频繁地进出房间，询问孩子要不要喝水、要不要吃水果等。家长可以安排家庭同步专注时段，孩子完成学习任务，家长阅读或者工作（禁用手机），以身示范深度专注。

3. 激发学习动机

外在压力如催促、奖励，只能短期奏效，真正的态度转变需激活内在动机——让孩子感受到学习的自主权、胜任感和价值感。

家长可以观察并了解孩子的兴趣所在，尝试将学习内容与他们的兴趣相结合。比如，如果孩子喜欢动物，可以通过阅读动物科普书籍、观看相关纪录片来学习自然科学知识；若对艺术感兴趣，则可以通过绘画、手工制作等活动学习色彩搭配、空间感等概念。利用周末或节假日，带孩子参观博物馆，参加科学展览、户外探险等活动，通过亲身体验拓宽视野，激发学习兴趣。实践中的学习往往更加深刻，有助于孩子将书本知识与现实生活相联系，增强学习的价值感。

鼓励孩子在学习过程中提出问题，无论是课本上的疑惑还是生活中的现象，都应鼓励探索。家长可以与孩子一起查阅资料、进行实验，或者利用网络资源寻找答案，这个过程不仅能增强孩子的求知欲，还能培养他们自主学习的能力和解决问题的能力。家长可以尝试用具体描述性反馈替代笼统的表扬，如孩子做出难题时，用"你刚才画线段的方法真巧妙，妈妈都没有想到"来替代"你真聪明"，即使失败也要肯定过程价值，对孩子的勤于思考、勇于探索表示赞扬。

4. 培养责任感与自我管理意识

家长在家中为孩子分配一些简单的家务任务，如整理自己的房间、帮助准备晚餐等。让孩子承担一定的家庭责任，不仅有助于培养他们的责任感，还能让他们学会时间管理和优先级排序。

引导孩子使用日历、记事本或学习 App 来记录学习任务、安排时间。通过自我监控，孩子能更好地规划自己的学习进度，逐步学会自我管理。比如利用空白"日历"完成任务安排，每晚在开始写作业前，先让孩子在日历空白页上梳理好今天的任务。首先分解任务，可以按照语文、数学、英语等学科分类，也可以按照作业难易程度进行排序，一行只写一个学习任务，每完成一项任务就立刻在后面打钩。缺乏自控力和规划性的孩子，往往觉得自己已经写了很多作业、已经完成了大部分内容，而实际情况则正好相反。因此设置这种辅助学习的小"设备"，能让孩子看一眼就清楚地知道自己完成了多少内容，有助于他们集中注意力，起到提示作用，长期坚持还能养成对待事物"总揽全局"的整体思考意识。

与孩子定期进行学习总结，讨论哪些方法有效，哪些需要改进。家长应给予正面反馈，同时提出建设性的建议。鼓励孩子自我反思，认识到自己的进步与不足，从而不断调整学习策略。

总之，端正孩子的学习态度是一个系统工程，需要家长的耐心、智慧和持续的努力，为孩子提供工具而非代劳，示范方法而非说教，唤醒动机而非施压。当孩子真正体验到对学习的掌控力时，养成积极的学习态度是水到渠成的自然结果。

五年级
如何让孩子顺利进入青春期

家长的困惑

随着年龄的增大，一些家长感觉孩子越来越不爱分享心事，常常还没说两句，孩子就不耐烦了，甚至有时候还摔门；孩子整天抱着手机和同学聊天，还振振有词地说在讨论学习；女儿（儿子）好像越来越注重打扮，用在学习上的心思减少了……

都说孩子的情绪里藏着他的未来，青春期是每个孩子都会经历的重要时期，都会出现这样那样的问题，家长对待青春期孩子的态度和引导，决定了孩子青春期问题的严重程度，处理不当，会给孩子的身心和未来的发展造成很大的影响，极端的情况，甚至会产生抑郁。

关键词解读

青春期是指个体从童年向成年逐渐过渡的时期，是生长发育过程中一个极其重要的阶段。从体格生长突增开始，到骨骼完全融合、躯体停止生长、性发育成熟而结束。世界卫生组织（WHO）规定，青春期的年龄范围是 10～19 岁（女性：10～18 岁，男性：12～19 岁）。

五年级学生年龄一般为 10～11 岁，他们处于身体素质发展的关键期，学习和掌握技术动作较快，灵敏性增强。男生开始进入身高、体重的迅速增长期。部分学生尤其是女生开始进入第二性征发育期，容易因生理的变化产生心理上的一系列适应问题。

随着同伴间的交往更加深入，他们开始有固定的同伴群体；男女生出现相互排斥的倾向；随着自我评价意识逐步发展，师生关系发生转折，学生希望获得民主和平等的师生关系；他们不愿违反规则，十分重视约定事项。

育儿实践案例

让儿子的心理先进入青春期

儿子进入五年级以后，我发现同班的很多孩子都已经有了明显的发育特征，一开始我也没有在意，直到有一天儿子回家给我说："妈妈，我们班谁的声音好难听呀，他们都说他是鸭子音。"语气充斥着嘲笑。那一刻，我觉得应该告诉他这些变化也是他自己即将面临的，他自己的身体也同样即将迎来巨大的重塑；应该告诉他怎样接受和如何面对这些变化，从心理上先进入青春期，接受这一蜕变，而不是一味地好奇，揣测和嘲笑。

但是怎样让儿子更科学地接受青春期的变化呢？思索很久以后，我还是决定借助于书籍，毕竟书上的东西会比我们家长用白话解释来得专业。从很多已经经历过的朋友那里讨教了经验，又从各种渠道看了很多推荐，最终我选择了《半小时漫画青春期》（生理篇和心理篇）、《我的身体在变化》这两本读物。到货以后我大致浏览了一遍，《我的身体在变化》这本书内容更加直白和直接，语言更加专业；而《半小时漫画青春期》（生理篇和心理篇）讲得更加委婉，语言和画面也更加诙谐幽默，从孩子的接受能力来说，我觉得后者更加适合。

书选好了，但是主角还没有到场，这里的主角并不是儿子，而是孩儿他爸，毕竟"儿大避母"这句话我觉得还是有一定道理的。周末老公一到家，我就让他自己先翻阅了一下两本书，他也选择了更加幽默轻松的《半小时漫画青春期》。

晚餐后，在爸爸的"引诱"下，儿子和老父亲在房间里足足待了2个小时。两人出来以后，我没有询问他们的小秘密，一向对我无话不说的儿子也没有给我透露他们的谈话内容。

接下来的1个月，我又悄悄地观察了儿子的言行，他不再嘲笑班上已经变声的同学，洗完澡以后也不再光溜溜地跑到客厅穿衣服，对自己额头少许的青春痘也不再紧张焦虑……看来这一场"有预谋"的会谈起到了作用。

沉迷手机怎么"破"

我是一个全职妈妈，孩子的每一步成长我都陪在身边，所以他在生活中、学习中有一些细微的变化我都能及时发现。我的孩子开始玩手机是去年4月。刚开始他还是很自觉，只是每周末在作业做好后会玩一个小时，刷刷视频，打打小游戏，自律性还是很好。我以为手机不会影响他，也觉得孩子也需要放松，只要把该做的事情做好，就让他玩。然而不知道从什么时候他开始玩《和平精英》这款游戏，由于这个游戏是团队合作，一旦开始了，就没法中途随意退出，所以他每次玩手机的时间就越来越长。父母去提醒他别玩了，他还会说父母好烦之类的话，甚至要求周内做完作业也要玩一会儿。后来的一个周末，儿子照常在房间做作业，并且要求用手机查找资料。中途我偶然进去拿东西，却看见他慌慌张张地把手机往书桌里藏。我本能地感觉有点不对劲，拿起手机，想看看他查什么资料，结果点开手机发现是游戏页面，并且手机已经明显发烫了。再看他的作业，整整一上午时间，他的作业本上只写了17个字……我突然意识到问题的严重性，决定要把手机给孩子"戒"了。"戒"手机的过程真是无比的艰难，为了玩手机，儿子是想尽办法，各种"作妖"——吃饭不好好吃，时不时故意说些难听的话来气我，会故意找妹妹的茬，作业故意做错题，字也写得乱七八糟，我批评他作业不认真，他还理直气壮地说："作业做得好，有什么用？又不能玩手机！你们大人都在玩手机，凭什么不给我玩？"俨然已经忘记学习是一个学生的本分，忘记在11岁的年纪最主要的任务是什么，甚至看我的眼神都带着仇恨和不耐烦。我的内心无比难受，后悔以前对他的放纵，也更加坚定我要帮助儿子戒掉手机的决心。我和孩子爸爸针对这个事情进行了非常认真的沟通和分析，一致决定从我们大人做起，尽量在孩子面前不玩手机，给孩子做好榜样。并且尽可能多抽出时间陪陪儿子，他做作业我们就在旁边看书，周末完成学习任务后，我们一家人就去小吃街品尝美食，去江畔骑自行车，去老家看长辈，找个风景优美的地方野餐，或者一起看一部他喜欢的电影，和他一起讨论剧情。因为我知道这个时候家长的陪伴尤为重要，要想把手机从孩子的生活中剥离开来，一定要找一些他感兴趣的事物来填满他的内心。转眼2个多月过去了，儿子终于摆脱了手机的束缚，又变回那个学习自觉、积极向上、阳光活泼又有礼貌的好孩子了。

案例分析

到了五年级，一部分孩子的身体开始发育，第二特征开始出现，青春期身体的巨变必然引发孩子对自己的重新审视。孩子在重新认识和了解自己的过程中，会迷茫、会无助，有的孩子会为自己的变化感到不安，有的孩子会因为"与众不同"而害羞、敏感，即使没有发育的孩子也会对别人变化感到好奇，甚至嘲笑别人。这时候就需要师长的协助来共同度过这一成长时期。在这个资讯发达的时代，与其让孩子自己通过不同的渠道零星地了解这些讯息，然后一知半解地进行揣测，甚至好奇地去"实践"，不如家长通过专业的书籍进行正确的引导，让孩子从心理上先进入青春期。家长首先要提前了解孩子青春期的发展特点，在孩子出现困扰时，耐心地解释给孩子听，用科学的知识武装孩子，让孩子认识到身体的变化是长大的表现，是正常现象，以减轻他们的心理负担，缓解他们的心理困扰。因为青春期的孩子就像一颗充满叛逆的种子，当叛逆的种子往土里扎得又深又紧时你才去拉、去拽，不仅伤了自己也伤了种子，不如我们提前干预、引导，反而可以更好地帮助这颗种子破土而出。

由于网课的流行，孩子有了较多接触手机的机会，再加上父母的疏忽大意，不少同学陷入了对手机的沉迷。如何拯救手机上瘾的孩子？是令很多父母头疼的问题。

作为家长，我们一定要及时观察和发现孩子的变化，当发现一些不好的苗头时，一定要及时加以正确的引导。比如案例中的这位妈妈就是在儿子沉迷手机的初期，及时发现问题，重视起来，才能在较短的时间里帮助孩子摆脱手机的控制。同时我们看到，这位妈妈在帮助儿子戒手机的过程中既有耐心，还有爱心。大人要以身作则，不玩手机，并且随时关注孩子的情绪，引导转移关注力，用其他健康、有益的活动充实他的生活、填满内心。我们要让孩子在润物细无声中慢慢改掉毛病。

实操建议

1. 建立和谐的亲子关系，促进孩子正向成长

优质的亲子关系，是孩子挑战未来最有力的武器。而五年级是决定一生亲子关系的基调关键时期。青春期的孩子进入了一个从儿童向成人转变的重要过渡期。在这个时期，身体的飞速发育，思想的逐渐成熟，使他们认为自己已经不是懵懂的孩子，自我感觉已经"长大了"，他们期盼自我意识的独立和自由，开始对这个世界进行自己的解读。强烈的自我意识，使他们对于"指教"式的教育非常抗拒厌恶，所以，父母要做的，不是改变孩子，而是先改变自己的观念和做法，选择"斗智"。

（1）细致入微，善于观察

观察是解读儿童的基础。每个孩子都是独特的，不是一个模子印出来的。孩子在成长中都会遭遇成长中的各种问题，他们的问题也是独特的。如果不观察孩子，不分析孩子，怎么可能教育好他们？

孩子常常通过他们做的事情和他们做事情的方式展示他们的内心世界。我们家长应该真正地慢下来、静下来，心平气和地接纳自己的孩子，在观察中走入孩子的内心，走入孩子的世界，在观察中看见孩子的特长和优点，发现他们的天赋和优势，帮助孩子做好各个时期的学习和职业规划。

不要动不动就指责孩子，给孩子贴"标签"。青春期孩子的大脑其实和我们成人的大脑是不一样的。因为前额叶没有长好，让青少年具备了做事不专注、缺乏自我控制、情绪化等缺点，这是受生理发展局限的。不要认为孩子平时的一些叛逆行为是有意跟你过不去，甚至认为是思想品德问题，充分认识叛逆心理是青春期孩子一个正常的心理特征，这样就不会贸然批评孩子。很多青春期的问题都容易被表面的学习和游戏问题所掩盖，其实家长可以从孩子的人际关系和日常生活，以及他对一些事情的态度上观察和感受到他的变化。面对孩子的叛逆行为，我们要去深思这些背后的心理诉求是什么？如果我们只看到孩子的错误行为，忽视或否定了背后的正面动机，甚至给错误的行为贴上负面的人格标签，那么就会激发他的抗拒心理，造成越沟通矛盾越深、越介入问题反而越多的局面。

（2）放下姿态，勇于认错

在孩子的教育过程中，家长常常会不自觉地扮演着"控制者"的角色，在我们的意识里会给孩子画一幅完美的画像，如果孩子与我们心目中的形象不符合，我们就会拿着"剪刀"去修剪，这样我们才有安全感，才能把控一切。而事实上，孩子是活生生的人，有自己的意识和想法。五年级是孩子独立人格的破土期，这时父母需要主动转变教育视角，将孩子视作大人，用和成年人相处的方式去和孩子相处，尊重孩子，相信孩子，理解孩子。家长放下威严，给其足够的安全空间让其发挥。如果家长错了，及时承认自己的错误。这是平稳度过青春期的第一步，也是最重要的一步！

（3）勤于沟通，多加鼓励

孩子的成长需要家长的陪伴和鼓励，聊天的内容不要仅限于学习，多和孩子聊聊他们感兴趣的人和事情，哪怕是聊聊八卦，也能增进亲子间的感情。家长要耐心地听孩子的讲述，适当的时机给予他鼓励。在交流过程中了解孩子内心的想法、思想的变化，适时地做出积极的引导。

（4）找到与孩子共同的爱好

养育孩子的过程中，和孩子建立共同的爱好，就会发现"陪伴孩子"并非"牺牲了自己的时间"，反而是一份时间会产生两份甚至多份"收益"，这时候我们和孩子处于"双赢"状态，不亦乐乎！父母高质量的陪伴会让孩子生活在爱的氛围中、会更有安全感、会很快乐、会更加喜欢跟爸爸妈妈交流、会更健康地成长……同时，也为彼此的沟通交流架设了一座桥梁，不至于让家庭成员之间的关系出现难以弥补的裂痕。很多父母不知道该跟孩子说什么，那就不如聊聊读书，聊聊你们的共同爱好吧。

2. 引导孩子进行正确的自我评价

心理学研究表明，孩子自我评价最重要的支持来自父母和同伴。告诉孩子，面对他人的评价要独立思考，静下心来想想，别人的评价对不对，自己究竟是怎么样的。接受他人正确的评价，同时也不必因为别人错误的评价而受困扰。家长要帮助孩子学会自我欣赏，孩子在遭受失败的时候最容易自我否定，怀疑自己，这时，孩子特别需要父母的关注。父母要注意纠正孩子对自己的消极评价，不能让孩子认为自己不行，应鼓励孩子"刚才解题时，你一直尝试用不同方法验算，这种坚持很了不起""这次考试可能没达到你的预期，但我注意到你考前整理了错题本，这种准备方式特别有效"等，明确向孩子表达父母对他的正向评价。

3. 帮助掌握情绪调控的技巧

随着青春期生理的变化，此阶段孩子的情绪也是一波三折，从完全不承认，到感受到困惑，接着是担心害怕，后来才慢慢开始了解，放下心来并松了一口气，最后也会感到庆幸开心。只是这些感受会混杂在一起：既骄傲又厌恶，既兴奋又担心。当孩子产生不良情绪时，家长可以引导孩子以合理的方式将负面情绪宣泄出来。比如：可以找家人或朋友、老师倾诉；写日记也是很好的情绪宣泄方式。写日记是自我沟通与反思的过程，在日记里要多用积极正面的语言去鼓励自己，给予自己肯定，这样帮助会更大。另外，也可以听听音乐、打打球或者看一场喜剧电影等。总之，根据自己的兴趣和爱好，将烦忧的心情转移到自己喜爱的活动上，从而让自己走出苦闷，变得快乐起来。

4. 帮助孩子建立健康的同伴关系，开启社交新篇章

一旦进入青春期，孩子和师长的关系会变得不一样。青春期前，孩子会非常尊重老师，服从老师的管理，愿意听从老师安排的学习任务。但是到了五六年级，孩子对老师的尊重意识开始减弱，相反对同伴、同学的依赖会增强，同学之间的影响力会大大增加。在学校里和同学相处时，由以往单纯的玩耍，到现在开始寻找兴趣相似的伙伴，形成各种各样的小团体。这种小团体现象，实际上就已经说明他们开始了青春期社交关系的新篇章。进入青春期后，孩子的性生理和性心理得到快速的发展，会产生对同龄异性的极大好奇，同时也会渴望建立与以往友谊迥异的异性关系。这个阶段的孩子，容易出现早恋的情况。因此，家长要引导孩子，学会甄别身边的同伴，与同伴交往要学会互相尊重、平等相处，学习上互促互进，同异性交往要讲究自然、适度准则。当孩子提出"某某喜欢某某"的话题时，家长应该引导孩子认识到：喜欢一个人很正常，因为人本身是一种有感情的动物，被喜欢的人肯定有不少值得学习的地方，但我们要区分"喜欢"和"爱"，学生阶段的喜欢，实际上是对某个人长相、性格、优点的一种肯定，但随着时间的推移，人的

相貌会变，人的知识水平、认知结构、行为习惯等会变，情感也会随成长变化，但每一次心动都是学习理解自己与他人的机会。要想让对方在若干年后还能喜欢你，那你应该学会真诚待人并持续成为更好的自己。无论是友谊还是欣赏，都需要用心经营，现在培养的沟通能力和同理心，未来都会派上用场。

孩子进步离不开学校老师的悉心教导，更离不开家长的细心呵护，要在"急功近利"和"不管不问"中找到教育的平衡点。每一个孩子都是种子，只是每个人的花期不同，有的花一开始就绚丽绽放，而有的花却需要漫长等待，家长应和孩子一起静下来，静待花开。人生路漫漫、奋斗亦灿灿，愿我们的孩子都能轻松走过青春、愈加成熟，向着诗和远方前行。

六年级
如何帮助孩子做好小升初衔接

家长的困惑

面对即将要小学毕业的孩子，家长普遍开始焦虑。焦虑自己的孩子在面临小升初的关键时刻，究竟选择读私立初中，还是选择读公立初中？焦虑是走读好还是住校好？焦虑原本乖巧的孩子为何变得有些焦躁。

如果不能正确看待与处理焦虑情绪的话，势必会影响家长工作和生活，同时还会影响亲子关系和家庭和睦。

关键词解读

小升初是小学毕业生升入初中的简称。高年级学生正同时处于青春期和"小升初"的重要阶段，无论是身体，还是心理都发生着急剧的变化，使他们对升学产生压力感，以及焦虑、恐惧等负面情绪。正确地看待与处理焦虑情绪，能够使其转化为学生成长的契机和动力，有利于学生提升学习效率，保持身心健康。

育儿实践案例

我和孩子做朋友

在小学即将毕业步入中学的这一段时间，孩子不论身体还是心理都发生了很大的变化，感觉到他们渐渐地不太愿意跟我们分享他们的身边事。跟我们在一起说话时也不再像以前那般随意，他们的情绪不稳定，易怒易烦躁。由于交流得越来越少，听不到他们的心里话，我们常常做出一些误会他们的事情，双方之间随时都会发生一些不愉快的事情。

在毕业的最后一年，要面临小升初的择校选择，由于我们不是当地户籍生源，想要进入好的中学，就必须有好的成绩才行。作为外地生源的我们，在这一年中感到非常的焦虑和担忧，非常害怕孩子的学习成绩在这时候出现什么意外，随时都在孩子耳边说："上课要认真，考试必须认真对待，只有考出好成绩，才能有机会进入好中学。"可能是由于我的过度紧张与担忧，就开始变得非常唠叨。

刚开始的半年里他还挺认真地对待，成绩也还行，但在六年级第二学期当他知道被某中学校点招后，就开始变得有些放松和浮躁，每次的测试成绩也没有以前理想，每次成绩公布之后也不会主动地告诉我们，每次问到他学习情况都只是简单回应一下，问起身边其他同学的学习情况时就说："我为什么要去关注和比较？我自己学习好了就好了呀？"其他的也不会再多说什么，继续追问就说"不知道了、不知道了"。可能是由于孩子的这种态度，让作为父母的我们就更加担忧焦虑，多次不耐烦地交流，让我们之间很不开心。

最不愉快的那一次，我们都在对方的面前哭了起来，冷静之后的我，反思这样下去肯定不是办法。我一定要知道孩子心里的真实想法。于是我调整心态找到儿子说："我们这一次抛掉母亲与儿子的身份，就以朋友的身份来一次彻底的心理谈话，你把妈妈做得不对的地方指出来，妈妈来改正！我把对他的担忧说出来，让他也改正！我们一起加油！"通过这次无压力和无障碍的谈话后，我了解到："在他心里，不管他无论怎样做，爸爸妈妈都觉得他没做好，好像永远都只有批评与责备，一直也没有表扬与鼓励，对他没有足够的信任。"听了他的控诉之后，反思起来好像基本是这样的，我的内心充满歉意和自责，觉得特别委屈儿子。我抱着他哭着向他道歉，也说出了自己的担忧与不安。

自从有了推心置腹的交谈后，我改掉自己以往的唠叨，给孩子足够的空间与信任，不时地鼓励他！慢慢地，儿子的话也变得多了起来，也愿意分享他的心里话。看着儿子在学习上更努力了，别提我有多开心！同时，我也体会到了只有给予孩子更多的理解、信任和鼓励的教育，让他们拥有足够自信，才会变得更加优秀，一味的打压教育，只会使他们离我们父母越来越远。作为父母的我们也要不断地通过更多的方式去学习和了解怎样在不同年龄段与孩子沟通和交流。

如何选择到适合的初中

随着社会发展以及教育改革的发展，普高、中职的分流，导致义务教育阶段的最后三年，成为一个选择的关口。如何能升入普通高中学习，成为须首要解决的问题。作为六年级孩子的父母，考虑更多的是如何选择自己心仪的初中学校。虽然义务教育是按户口等一系列的规章来规范学校的选择权，但因为前一年中考分数整体偏高，想要上到好高中，初中就不得不"卷"起来。

在选择初中时，我们在公立与私立之间左右平衡了许久，以自己所能接触领域的信息为参考，不断反复地进行比较，读公立学费压力小，老师的尽职程度更高，学生层次划分不太明显；私立学校出口成绩更好，管理更加严格，功利性更强……同时，罗列读这所学校可以接受的条件（如进入理想的班级、住校不住校等），自己首先理清楚选择这所学校的优点与缺点，然后带准初中生去学校实地走走，看一看环境，让他有一些表面的认知。在这期间再通过电话、信息交接等方式了解将带班的老师，最终来选择就读的初中。

选择过程其实很漫长，改变决定的时机也很多，就算做出了最终的选择，但开学后还是会有许多的问题，这又是另一种困惑与烦恼的开始。比如娃娃的独立学习习惯，以及家长在娃娃学习上的参与深度，还想知道他去了寄宿学校后，在没有家长陪伴的情况下，能否很好地融入学习和生活。

案例分析

小升初阶段既是孩子迈向青春期的关键转折期，也是家庭教育模式转型的重要窗口期。案例中母子关系的冲突与择校焦虑，折射出这一阶段家庭教育的典型困境：当孩子自我意识觉醒与学业压力叠加时，传统权威式教育容易引发亲子对抗，而过度关注结果则可能忽视孩子的情感需求。母亲前期因择校压力陷入"焦虑传导"模式，通过反复强调成绩重要性试图控制学习结果，却忽略了青春期孩子对自主权的渴望。越强化"必须考好"，越易触发孩子的心理防御机制，表现为成绩波动与情感封闭。而孩子后期通过"朋友式对话"重建信任，感受到无条件的接纳与共情时，才愿意向家长敞开心扉。这种沟通模式的转变，本质上是从"结果监管者"到"成长支持者"的角色进化。

择校过程中的反复权衡，试图通过最优决策规避所有风险。事实上，无论是公立学校的均衡发展，还是私立学校的精细管理，核心都在于匹配孩子的学习特质与家庭支持能力。案例中家长带准初中生实地探校的做法值得肯定，这种参与感能增强孩子对新环境的掌控感，缓解分离焦虑。

这两个案例共同揭示：小升初阶段的教育不仅仅是升学冲刺，更需在学业准备与心理养育之间寻找平衡点。家长在这个阶段需从"监督者"变为"倾听者"，跳脱择校焦虑，认识到成长规划的重要性，可以尝试由替代孩子选择转变为与孩子共同决策。正如孩子需要适应青春期的身心巨变，父母也需在教育的"放手"与"引领"间，重新校准爱的尺度。

实操建议

1. 与孩子有效沟通要相互尊重和理解

父母在与孩子沟通的过程中要仔细倾听孩子的感受，注意表达的技巧。在倾听时应注意以下几点：耐心倾听，不时做出积极应答；不急于做出价值判断，不做褒贬；多使用接纳性的语言，采用含蓄、委婉的方式与孩子进行沟通，避免直言训斥、当众指责。理解孩子行为背后的原因，父母在与孩子沟通的过程中，要善于从孩子的角度出发，透过孩子"独特"的行为或言语去发现孩子行为背后的原因，并据此采取富有针对性的教育方法。

2. 家长要控制好自己的负面情绪

当出现由不良情绪引发的亲子矛盾时，家长首先要在冲突发生时控制好自己的情绪。认识到高年级学生的叛逆心理与情绪不稳定性，不以成人的标准来要求他们，宽容孩子的不足之处，接纳他们的情绪，并在平时通过阅读等方式培养自己豁达的胸襟，认真履行为人父母的职责。通过深呼吸、转移注意力、反思冲突过程等方式缓解自己的负面情绪，做自己情绪的主人，进而冷静对待亲子冲突。

3. 家长要帮助孩子收集信息

家长要留出额外的时间，深度关注来自各渠道、各方面的本届、本地区、本学区的入学信息。有意识地留出额外的时间，不遗余力、积极收集、协助参与。但也要有选择地呈现给孩子，和孩子共同商量选择。尤其要注意的是，不要过量，也不要给孩子增加不必要的焦虑。父母们拥有比孩子更加丰富的人生阅历，这时候，父母可以先做好孩子升学信息的"搜索引擎"，先获得足够量的相关信息，同时也要做好这些信息的"过滤器"，要有选择地剔除无效和负面的信息，保障孩子在小升初这个敏感阶段拥有良好的心态和持续的学习力。

4. 与孩子共同决定入学方向

对于孩子是读私立学校还是公立学校，是寄宿还是走读，家长要做到三看：一看，孩子本人的意愿；二看，孩子的生活自理能力和学习管理能力；三看，家长的精力与时间。

> 小学六年的衔接教育，恰似一场静默的根系培育——从幼小衔接阶段时间观念与规则意识的扎根，到高段主动学习与小升初全面准备的抽枝，每一环都需顺应规律、精准灌溉。当我们以智慧的陪伴与科学的方法搭建起年级间的桥梁，孩子便能从容地跨越成长的沟壑，在知识、能力与人格的交织中走向独立与丰盈。让我们珍惜这段美好而短暂的时光，继续以爱与耐心为孩子加油鼓劲，相信他们定能在未来的道路上绽放属于自己的光彩！

第十章

提升认知，培育能力

孩子的认知能力在小学"黄金六年"里经历着飞速发展与蜕变。专注力、观察力、思考力、记忆力、分析能力和逻辑思维——这些核心素养如同一块块基石，层层累积，为孩子未来的学习与成长奠定坚实的基础。我们的孩子正成长在一个快速变化的时代：知识更新加速，科技日新月异，未来社会需要的不再是"刷题高手"，而是会观察、会思考、会解决问题的"终身学习者"。

从一年级到六年级，孩子的每一步成长都藏着关键能力的萌芽。一年级稚嫩的小手，藏着专注力的密码；二年级明亮的双眸，正在观察与发现；三年级忙碌的作业本，呼唤系统思维的构建；四年级阅读与积淀，需要记忆方法的解锁；五年级解不开的难题，考验分析与探究的智慧；六年级绕不清的逻辑，正是抽象思维的跳板……

本章没有高深的理论，只有接地气的故事、实用的方法和无数家庭验证过的经验。让我们一起放下焦虑，像陪伴小树苗一样，用耐心和智慧，陪孩子慢慢长成他自己期待的模样。

一年级
如何培养孩子的专注力

家长的困惑

很多家长问为什么孩子一年级后在学校上课时，总是坐不住；课堂上也不认真听讲，容易走神，注意力很难集中；爱在抽屉下面做小动作，开小差；平时父母说话也总是左耳进右耳出，好像没听见一样；在家写作业也总是拖拉磨蹭，做作业还因粗心马虎漏题……

很多孩子上小学一年级后，他在学校的表现跟幼儿园不一样。以前在幼儿园能跟老师一起开心地游戏、快乐地画画、学习。但是上小学之后，繁多的知识和不同于幼儿园游戏式的学习形式，让很多孩子在课堂上就出现走神、做事拖拉、开小差等情况。为什么会出现这种情况？这是因为孩子缺少专注力。

关键词解读

什么是**专注力**？简单地说就是能专心地做好每一件事的注意力。良好的专注力，是大脑对事物进行感知、记忆、思维等认知活动的基本条件。对于孩子来说，专注力就是孩子学习的基本能力，如上课听讲、专心完成作业、认真阅读等。

古语云："用心专者，不闻雷霆.'一个专注的人，能把自己的精力、时间、思维都集中到正在做的事情上面。专注力还能最大限度地发挥一个人的积极性、主动性和创造性，只有这样，他才会努力去实现自己的目标。因此，孩子的专注力会直接影响孩子的学业成绩，甚至是未来的人生。

育儿实践案例

"东张西望"的小伦

一年级的小伦，是一名内向且有一点调皮的男孩。上课的时候，他常常坐立不安，注意力无法集中，一会扯前面女生的头发，一会趁同学不注意，把同学的文具或者书本藏起来。要是教室外传来声音，他一定会伸长脖子，探出身子去看看到底是什么，一定要老师提醒很多次才能回神。如果是在课堂上写作业，他会慢吞吞拿出笔，写了不到五分钟，就开始玩文具，甚至玩手指头，或者跟同学窃窃私语，总想着下课出去玩。

学习上，小伦总是粗心大意，做作业又不认真，虽然才一年级，但是小伦的成绩很不理想。课堂上还影响同学，很多家长都不愿意自己的孩子和小伦当同桌。老师跟小伦的妈妈沟通后，从小伦妈妈处得知，小伦的爷爷奶奶很疼爱这个孙子，在小伦小时候，只要小伦一哭，爷爷奶奶就尽力满足他所有的要求。从幼儿园开始，每次接他放学都会带水果或者零食，生怕他放学后肚子饿。幼儿园时，妈妈要求小伦自己的事情自己做，小伦的爷爷奶奶却说孩子还小。上小学后，每天早上无论家长怎么喊，小伦都起不来，小伦每天都是眯着眼睛让奶奶穿衣服，然后抱到餐桌前爷爷喂饭。小时候的小伦正在专心玩玩具，奶奶做好饭，就会大喊：宝贝，快过来吃饭！如果小伦不来，爷爷奶奶会轮流喊，直到他过来吃饭；小伦正专心看绘本，奶奶总担心他口渴，一会递杯水，一会儿又喂点水果，虽然妈妈总说不要这样，可是爷爷奶奶总说孩子还小。而爸爸喜欢看抗日片，晚上下班回家第一件事就是打开电视看电视剧，小伦很容易就被电视里的声音吸引过去了。为这件事小伦妈妈跟爸爸争吵了好几次。

专注认真的小熙

小熙，是一个乖巧的小女孩，不仅学习成绩优异，还是担任班干部，大家都很喜欢她，是同学们学习的榜样。

课堂上，老师总能看到小熙高高举起的手，一双大眼睛总是闪烁着光芒，从她的眼睛就能看到她的认真和专注。每次老师提的问题她总能积极思考，举手发言，她的发言经常能引来大家雷鸣般的掌声。她的书写也非常工整、规范，每一笔都能看出她的认真。

老师发现，小熙从来不带玩具到学校，小女生喜欢的咕卡、贴纸那些她也没有。每次上课，小熙会把课桌上跟本课学习无关的东西都整齐地放到抽屉里。这样一来，课桌上就没有东西能让她分心了，注意力也就不受影响了。一上课，小熙就会提醒自己眼睛要跟着老师走。没请她回答问题时，小熙也会专心听别的小朋友回答，看看是不是跟自己想的一样。

小熙妈妈还告诉老师，从小小熙做事情家人都不会去打扰她，基本上都是自己的事情自己做，需要帮忙的时候，父母才帮助她。比如她玩积木的时候，家人们绝不会大声说话也不会看电视更不会打断她；当小熙能按要求完成作业或者其他事情时，父母会及时给小熙鼓励性的评价，让小熙获得满满的成就感。妈妈还告诉老师，小熙也喜欢玩咕卡、玩小女生喜欢的东西，只是害怕带到学校影响自己上课，都是周末在家做完作业后尽情地玩。

案例分析

通过上述的案例我们可以发现，小伦的注意力极易分散，小熙在课堂则表现得非常专注，跟家庭教育方式和家庭环境有很大的关系。

小伦的问题是不良的家庭教育方式造成的，小伦小时候爱哭，家长为了迎合他的要求就迁就他，造成他的不良学习习惯。也因为爷爷奶奶、爸爸妈妈的教养态度不统一，让孩子一会做这个，一会儿做那个，使得小伦无法专心干同一件事，并且小伦的爸爸还在小伦做作业时看电视剧，这更让小伦的注意力严重不集中。

反观小熙，从小就有良好的家庭氛围，父母还潜移默化地训练小熙，让小熙从小就有很强的专注力。

实操建议

我们常常说孩子的专注力不够久，是因为专注力的持久情况是随年龄不同而不同。2岁左右，专注力时长约7分钟；5~6岁时，专注力时长约15分钟；6 岁以上，专注力的时长由 15 分钟逐步过渡到 30 分钟。一个成年人的专注力时长是 25~30 分钟。而一年级的孩子肯定不能长时间做到一心一意，因为专注力不是天生就有，它需要一个长期的培养过程，那我们应该怎样才能培养并提高孩子的专注力呢？

1. 日常生活

（1）营造一个适宜的学习环境

在培养孩子专注力起始阶段，如果你想让孩子安静地学习，就应该给孩子营造一个适宜的学习环境。比如孩子做作业的房间要收拾得干净整洁，把玩具放在玩具收纳箱或者孩子看不见的地方；完成作业时，在孩子的书桌上，只能放与学习有关的学习用具，将玩具、食物等容易分散注意力的东西清除干净。孩子学习用具要简单实用，比如橡皮擦、文具盒、铅笔都不要买过于花哨、功能很多的，避免孩子一边做作业一边把它们当玩具来玩。此外，学习的室内光线不要太强太亮，柔和的光线才有利于提高孩子的专注力。

（2）家人安静地陪伴

孩子做作业时，家里人尽量不要打开电视或大声交谈，也不要高声打电话，这样很容易分散孩子的注意力；父母也不要随时在孩子做作业的房间进进出出，查看孩子作业完成情况；如果担心孩子不能独立完成作业，家长可以坐在旁边，但是不要坐在孩子对面，因为这会让孩子紧张；不要一边陪孩子做作业一边自己玩手机，家长可以一边看书一边陪孩子。

（3）规定时间内分阶段完成学习任务

先让孩子在规定时间内完成作业，比如刚开始可以先做 15 分钟作业休息 5 分钟，休息之后再以相同的方式完成接下来的学习任务。当孩子能够按要求很好完成时，父母可以给予孩子肯定的鼓励，如亲吻、拥抱、表扬等（最好不是物质奖励，因为这会让孩子产生对物质奖励的依赖）。当孩子能够做得很好的时候，又可以逐步延长做题时间，比如换成做 20 分钟休息 5 分钟。经过这样逐步的训练，孩子每天进步一点，专注力的时间就会越来越长。

（4）大声读书

为什么学校要安排早读，让孩子到校之后就开始大声朗读？这是因为朗读可以让孩子眼到、口到、心到，可以让大脑神经受到刺激，让孩子更专注课堂上的学习。所以，给孩子每天安排一个时间（如 10～20 分钟）让他选择他喜欢的课文为父母大声朗读，这是一个使孩子口、眼、心、手相互协调的过程。读课文还可以加深孩子对课文的兴趣和理解，当孩子对课文足够熟悉后，也可以让他更加专注课堂学习。当孩子能熟练读课文后，还应要求他在读书过程中尽量做到不读错字、不漏字。

（5）鼓励孩子做喜欢的事

兴趣是最好的老师，鼓励孩子做喜欢的事，也是培养专注力的方法。在孩子沉浸于自己的兴趣时，家长尽量不要干扰孩子，耐心等他做完，这也能在无意中培养孩子专注力。在做事的过程中，孩子如果遇到困难，家长要鼓励他不怕失败，让他愿意去克服困难，这样一段时间后，他会逐渐养成有始有终地做好每一件事的好习惯。如果孩子经过努力也没有达到要求，或者即便孩子专注力不强，也不要对孩子用贬低的话语，因为这相当于给孩子贴负面标签，这样只会让孩子更加否定自己，并且也会让孩子对家长产生逆反心理。

（6）学做时间的主人

孩子如果经过长时间训练，专注力还不够好，家长也要尽量减少对孩子的唠叨和训斥的次数。这时，我们可以教孩子分配时间，让他能在相对短的时间内集中精力做好作业，以便有更多时间做其他事。比如告诉孩子，如果他在规定时间内把作业做完并做好，那剩下的时间他可以做想做的事，可以自由支配时间。孩子最开始可能只想早点做完早点玩，但时间一长，他的专注力也就慢慢提高了，做事也会自己分配时间，做时间的主人了。

（7）一次只做一件事

人的专注力是有限的，在任意一个瞬间，人的注意力只能指向一个"注意点"，由于人没法同时设置两个"注意焦点"，而只能一前一后地去注意不同的东西，所以人自然就会注意到"先"与"后"的不同。所以孩子在专注力发展的时候，更不可能同时进行多件事情。因此，当孩子玩玩具时，要关掉电视；做作业时，不要听故事、听音乐。在孩子培养专注力的初始阶段，尽量让孩子一次只做一件事。

（8）买一些培养专注力的书，每天坚持做练习

我们可以买一些锻炼观察力、注意力、记忆力的书，如迷宫、找不同、涂色等类型的书，让孩子练习。我们还可以买舒尔特方格书来训练专注力，因为舒尔特方格法是世界公认的专注力训练方法。

（9）全家参与，共同陪伴

我们还可以把专注力训练变成一个全家都可参与的活动，比如：选一个特定的时间，大家一起讲述发生的有趣事情，让孩子选择自己最感兴趣的说一说；一起玩训练专注力的小游戏，这种全家参与的氛围会使专注力练习对孩子来说简单自然而有趣。

2. 游戏训练

不同的孩子有不同的特点，在培养孩子的专注力时，我们还可以采用游戏的方式。

（1）做一做手工类活动

做手工、画画对孩子专注力的培养也有帮助。我们在陪孩子一起做手工的过程中，可以引导孩子关注做手工的物品，这样可以让手工活动的内容和过程变得更加吸引孩子的注意力。我们陪孩子做手工或者画画时，也可以让孩子先观察图案，辨别不同画纸和画笔的材质、分清不同的颜色，甚至是闻闻纸张、颜料的味道。

（2）听一听万物的声音

聆听也是训练专注力的有效方法。比如我们可以首先准备一个可被敲击的物品如金属碗，一个可以敲击的用品如一把金属勺子，然后用勺子敲击小碗，引导孩子听撞击发出的持续性声音，让孩子听听什么时候这个声音会消失。第二次声音消失后，孩子继续保持安静，听听周围环境中是否还有别的声音。一定时间后（10秒、30秒、1分钟、2分钟……），我们请孩子说一说他在这段时间内听到了什么声音。除此之外，我们还可以带孩子去大自然听一听其他的声音。

（3）摸一摸物品的不同

在孩子很小的时候，就是通过触摸物品来感受世界的，对孩子来说感觉触摸的练习可以锻炼孩子敏锐的洞察力，培养孩子的专注力。家长可以让孩

子拿一些他们喜欢的玩具，并闭上眼睛，然后触摸这些玩具，请他们描述触摸的玩具是什么感觉。我们还可以把玩具放在太阳下，问孩子摸起来是什么感觉，跟刚才有什么不同；也可以放在水里，问孩子摸起来有什么感觉；还可以去摸一摸大树、树叶、不同材质的墙体等，通过这种方式引导孩子来探索他们的感知系统，拓展大脑的敏感度，培养孩子的专注力。

（4）闻一闻大自然的气味

带孩子到户外感受大自然的气味，让孩子深呼吸，感受环境中不同的气味，并探索每种味道让他们有什么感受。他们专注感受这些味道的时候，也是专注力培养的过程。

（5）想一想生活故事

孩子白天在学校，晚上回家做完作业，时间很有限。其实一天的任何时候都可以练习专注力，有时和孩子在回家的路上或者晚饭后外出散步，可以和孩子选一个主题，比如观察行人，看他们在干什么、有什么特点，再根据观察的结果和孩子轮流编一个故事，家长说一说自己怎么想到这个故事的，再问一问孩子为什么会想到这个故事。又或者孩子观察天上的云朵、地上的花草、亮光的路灯等，并为它们编写一个故事。

（6）做一做外出运动

保持专注力并不是指能待在一个地方很长时间，也不是要静静地坐在那里一动不动。孩子精力充沛，不会总想要待在同一个地方，可以带孩子一起出门运动。大脑和身体一样都属于人的组成部分，所以适当的运动可以帮助孩子提高大脑运行速度、提高专注力。例如，网球、乒乓球、羽毛球、跳绳都是训练专注力的好方法。这里特别推荐一种运动——蹦床，它是很多孩子喜欢玩的一个运动。20世纪70年代，美国国家航天局发现，宇航员从太空执行任务回来后，肌肉容易萎缩，大脑等功能也会下降。于是他们测试了很多种运动后发现，蹦床可以提高新陈代谢，在运动的时候身体的每个细胞都能参与其中，而且能让大脑分泌产生"快感荷尔蒙"的内啡肽，让人开心。所以不妨带孩子去蹦上一会，让孩子开心的同时还能锻炼专注力，一举两得。所谓"专注"，就是集中精力、聚精会神、一心一意。正如《荀子》一书中所说："专心致志，方能成功。"可见专注力有多重要。

但不同孩子有不同的特质，在培养孩子专注力时，父母不应该把他和别的孩子作比较，要多鼓励他，看到他的优点，因为专注力的培养是一个漫长的过程，家长一定要有耐心。

二年级
如何培养孩子的观察力

家长的困惑

二年级的孩子充满了好奇心，但往往容易被琐碎的事物分散注意力。许多家长注意到，尽管孩子表现得活泼好动，但他们常常忽视生活中的细节——比如在做题时看漏掉题目，看图写话时抓不住重点，甚至无法复述刚刚读完的故事。

正如苏联教育家苏霍姆林斯基所言："观察是智慧最重要的能源。"若孩子对世界失去探索的热情，学习便成了机械的重复。如何唤醒他们的"发现之眼"？这需要家长从日常点滴中重构观察的意义。

关键词解读

观察力是探索世界的起点。观察绝非简单的"看"，而是感官与思维的协同作战。心理学研究表明，人类80%的信息通过视觉获取，但观察力的核心在于"察"——分析、联想与整合。例如，孩子看到蚂蚁搬运食物，若仅停留于"蚂蚁在爬"，便错失了探究分工协作、路径规律的机会；但若引导他们思考"蚂蚁如何沟通""为什么排成队伍"，观察便升华为思维的训练。

《义务教育课程方案和课程标准（2022年版）》强调："低年级学生需通过观察建立与世界的联结。""积极观察、感知生活，发展联想和想象，激发创造潜能……"观察力是学生认知世界的关键桥梁，而小学二年级正是观察力发展的黄金期，这一阶段培养观察力对其成长具有深远意义。首先，儿童大脑神经可塑性极强，此时通过细致观察积累的具象经验，能有效促进视觉、触觉等多感官协同发展，为抽象思维奠基。其次，观察是学科学习的底层能力：语文看图写话需要捕捉画面细节，科学课辨识植物特征依赖精准观察，数学应用题理解题意更需提取关键信息。最后，更重要的是，观察行为本身能激活儿童的好奇心与探究欲，在追踪蜗牛爬行、对比四季云彩变化的过程中，他们不仅获得知识，更形成主动探索的学习内驱力。这种能力将伴随其终身，成为未来理解复杂现象、创造新发现的核心素养。

育儿实践案例

从粗心到细心：小宇进步了

二年级的小宇曾是个粗心的孩子。课堂上，小宇总盯着窗外发呆；写生字时，常把"晴"写成"睛"；做数学口算题也总是看错加号、减号，导致成绩不理想。通过家校沟通，我们了解到，孩子出生后跟随爷爷奶奶在小县城长大。到幼儿园大班接到身边的时候，已发现孩子不会倾听，尤其观察能力相较于同龄小朋友发展滞后。一年级的时候，通过妈妈耐心辅导，孩子的成绩还算"跟得上"。但到了二年级，伴随知识量增加，学习任务加重，由于孩子自身注意力分散，在课堂上效率低所带来的一系列问题，家庭辅导已显得力不从心。孩子在学习上遇到的困难，也在影响他的自信心，妈妈为此感到十分焦虑。经过一段时间的思索，以及与老师的沟通交流，并咨询了一些教育专业人士，小宇妈妈得到了一些启发，决心用"游戏化观察"重塑孩子的习惯，她由此开启了三大任务：

任务一：家庭侦探。每天晚饭后，母子俩玩"找不同"——对比家中摆设的变化，如花瓶位置、窗帘褶皱。小宇从最初抱怨"没意思"，到逐渐学会捕捉细节："妈妈，你今天把书从蓝色书架移到白色柜子了！"

任务二：自然笔记。周末去公园时，妈妈送他一个"魔法放大镜"（普通放大镜贴上贴纸），鼓励他记录三片叶子的纹路差异。小宇画下锯齿状边缘的枫叶、光滑的樟树叶，还标注："樟树叶摸起来像涂了蜡！"

任务三：对弈"五子棋"。棋类游戏在培养孩子专注力和观察力方面极具优势。妈妈购入棋盘和棋子，先教会孩子五子棋的规则，再利用空余时间，陪小宇下棋。为了让孩子对下棋更感兴趣，妈妈故意露出破绽，让孩子多品尝胜利的喜悦。孩子的每一次"胜局"都是建立在耐心的、细心的观察基础之上，随着棋艺的提高，孩子的观察能力也得到了很好的锻炼。

3个月后，小宇的看图写话从"有个人在跑"变为："小姑娘扎着羊角辫儿，穿着花裙子，在草地上奔跑着、欢笑着。"数学作业单上的红叉叉越来越少，红勾勾越来越多……小宇学习的进步常常得到老师的表扬，孩子也更加自信了，生活变得有序，脸上的笑容也多了起来。

案例分析

故事展示了小宇观察力提升的过程。起初，小宇观察力不足导致学习困难。后来，通过家庭侦探、自然笔记、对弈五子棋等游戏化观察任务，他的观察力显著增强。这些活动不仅培养了小宇细致观察的习惯，还激发了他的好奇心和探究欲。案例表明，家长通过创设观察情境、耐心引导，能有效提升孩子的观察力。此外，保护孩子的专注观察时刻和尊重其独特观察视角也至关重要。

实操建议

1. 做观察的引路人

家长应在日常生活中主动引导孩子观察周围的世界。例如，在散步时指出树叶的纹理变化，在超市购物时比较不同水果的形状和颜色，或在雨天观察雨滴落在窗户上的轨迹。这种有意识的引导能帮助孩子建立观察的习惯，并学会从平凡中发现不平凡。

2. 创设观察情境

通过动手实践激发孩子的观察兴趣，例如：

·在花盆里种一棵洋葱头，观察生长情况，并用手机拍摄记录洋葱发芽、长高、开花的过程，把照片打印出来贴在墙上。

·养几条小鱼，观察小鱼儿的生长、变化和行为。

· 让孩子参与打扫房间等家务劳动，对比观察打扫前和打扫后房间的变化。

· 上下学路上玩"颜色追踪"游戏：指定一种颜色（如红色），比赛谁发现的红色物体更多。

· 超市购物时让孩子担任"采购侦探"：根据购物清单特征（如"圆形的蔬菜"）寻找目标。

这些活动不仅能培养孩子的观察力，还能增强他们的耐心和责任感。

3. 保护专注的观察时刻

当孩子沉浸在观察中时，家长应尽量避免打扰。例如，孩子蹲在路边看蚂蚁搬家，或在超市水产销售柜台专注地观察鱼缸里的鱼虾等，这些都是宝贵的"观察时刻"。家长的过度干预（如催促或纠正）可能会打断孩子的思维链条，影响他们的专注力和观察深度。

4. 尊重多元的观察视角

每个孩子都有独特的观察方式，家长应做到：

· 允许孩子用自己喜欢的方式观察，即使这意味着趴在地上看蚂蚁或弄脏衣服。

· 接纳不同的观察结果，例如孩子可能觉得云朵像恐龙，而家长觉得像山峰，这种差异正是创造力的体现。

· 在安全的前提下，鼓励孩子探索未知，即使他们的观察方式与成人不同。

5. 建立有序观察思维

如果周末带孩子去公园游玩，为了让孩子对环境产生更加深刻的印象，可以指导孩子用"望远镜→放大镜→显微镜"观察法。

· 望远镜视角：整体感受画面氛围（热闹/宁静）。

· 放大镜视角：锁定主要人物动作（跳舞的老奶奶穿着什么衣服/放风筝的孩子怎么奔跑）。

· 显微镜视角：捕捉细节特征（老奶奶的表情和眼神/风筝尾巴的彩带打结方式）。

观察全家福照片时，引导孩子按"背景→人物→装饰品"顺序描述，再挑战倒序复述。前文提到的用拍照的方法记录洋葱生长过程，也是为培养有序观察做准备。

6. 培养用多重感官，多角度观察

例如，以周末郊游为契机，创设"乡村寻宝"活动。孩子根据"有六个斑点""喜欢趴在叶背"等线索寻找瓢虫，或者根据"体型2~5厘米""常歇于树干（树枝）""会发出响亮的鸣叫"等线索寻找蝉……这一过程中自然运用了比较观察、特征分析等方法。

另外，家长在生活中还可以陪孩子玩一玩以下亲子小游戏：

·听觉观察：蒙眼猜声音（揉纸声、倒水声、钥匙碰撞声）。

·触觉观察：神秘箱猜物（通过触摸判断水果/文具）。

·跨感官观察：闻香识物（闭眼闻调料猜名称）。

7. 观察成果的可视化呈现

这里推荐一种叫"四格漫画"记录观察的方法，该方法可引导孩子观察并记录某种自然现象，让孩子用画笔捕捉世界的细节。四格漫画包含四个部分，分别对应观察的不同阶段，下面以观察蜗牛为例。

（1）第一格：初始观察

此格可记录观察对象的整体印象或第一眼看到的特征，如蜗牛的外形和墙面的情况。

（2）第二格：细节聚焦

此格可放大观察对象的某个局部特征或动态变化，如蜗牛触角的变化和黏液留下的痕迹。

（3）第三格：互动发现

此格可记录观察者与对象的互动或进一步的探索，如孩子用手指轻轻触碰蜗牛，它有什么反应，如何缩进壳里的。

（4）第四格：深度思考

此格可表达观察者的发现、疑问或联想。例如孩子画出黏液在阳光下反光的样子，通过查阅资料进而发现蜗牛黏液痕迹的防水原理等。

当然，除了绘画，我们也可以用语音备忘录、拍照片、拍摄视频日志（vlog）等方法鼓励孩子记录自己的所见所得。

8．用比拟法激活孩子的多维认知

比拟（拟人／拟物）不仅是修辞手法，更是儿童认知发展的重要工具。根据皮亚杰认知发展理论，4～12岁儿童处于具体运算阶段，通过将抽象概念具象化，能有效促进观察力与想象力的协同发展。这种方法可达成三重目标，即"深化观察、激发兴趣、培养共情"。比如，很多小朋友喜欢玩吹泡泡的游戏，我们就可以引导孩子这样去观察：

·基础观察：引导孩子注意泡泡的形态变化（大小、形状、反光）。

·特征联想：两个相连的泡泡→双胞胎握手；破裂的泡泡→撑破肚皮的气球……

·情境建构："这些泡泡要飞去哪里？给云朵送信？还是帮小鸟搭桥？"

比拟法的实施指南与注意事项如下：

（1）训练要有梯度

①初级阶段：单物比拟（如给物品起一个特别名字）。

②进阶阶段：关系比拟（想象并构建物品互动情节）。

③高阶阶段：系统比拟（创设完整生态故事）。

（2）注意点

①不强制纠正孩子的独特想象（如"云朵是棉花糖厂爆炸"）。

②不过度使用拟人化导致认知混淆。

③及时回归现实观察（如"蜗牛壳真的像登山包吗？"）。

比拟法如同认知催化剂，将静态观察转化为动态探索。当孩子说"凳子累得喘气"时，他们不仅发现了家具的承重功能，更建立了质量感知的具象模型。这种训练所培养的，是比观察力更深层的能力——用创造性的视角理解世界，而这正是未来社会需要的核心素养。

总之，培养观察力不是一蹴而就的任务，而是一个持续的过程。家长的角色是引导者、支持者和陪伴者，通过创设情境、保持专注、尊重差异，帮助孩子打开"发现之眼"，让他们在观察中感受世界的奇妙与丰富。

三年级
如何培养孩子的思考力

家长的困惑

据调查发现，家长很困惑：很多孩子在一、二年级的时候成绩很好，到了三年级以后，明显感觉成绩下降，差距拉大。孩子的学习兴趣降低，学习缺乏主动性。那我们要如何帮助孩子适应学习难度增加、知识变得更复杂、知识点增多的情况呢？

关键词解读

思考力是学生核心素养思维能力的关键体现，指孩子主动分析、质疑、创造性地解决问题的能力。三年级学生正处于从具体形象思维向抽象逻辑思维过渡的时期，也是思维发展的黄金期。现代教育大幅提升了对高阶思维的要求，如探究、质疑、创新等，弱化了死记硬背。三年级各学科知识的难度出现了较大幅度提升，如数学要解决较复杂的应用题，语文要做阅读与作文，还有各个学科都可能涉及的实践、实验与探究等。这些都直接考验着孩子们的思维能力，而思考力可谓是达成学业目标的"核心引擎"。"学而不思则罔"，这句话告诉我们，学习如果不思考就会迷惑不解，等于没学。教育的核心目的就是教会孩子学会思考。我们的孩子生活在一个知识爆炸时代，而当下的教育更是旨在培养"终身学习者"。若一个孩子成为一名思考者，那么他的内心应该更加充实，在生活中也会更加充满活力。家长若能在孩子三年级时注重引导培养思考力，或能高效塑造受益终身的思维习惯，避免后续思维惰性导致学习断层。

育儿实践案例

巧用思维导图

女儿是快三年级的学生，妈妈发现随着知识点的增加，一直比较认真和踏实的她没有以前能干了，经常会把生字写错，总是多一画或少一画；数学也经常遇着做不出难题的情况；英语单词能够背诵，短文能够背诵，但考试的时候就经常出错。妈妈一度陷入焦虑状态，孩子上课状态也没有问题，是哪儿出现了问题？后来妈妈发现她的思维不够灵活，对知识掌握不够系统，而且思维的敏捷性也不好。为了提升她的思维能力，妈妈就经常和她玩游戏，每天会和她聊一聊学校里学的知识，今天学了哪些生字，用思维导图的方式来帮助她回忆，把以前学过的相似字联系起来，开始她能联系的字不多，但随着时间的推移，她自己能绘制思维导图，并且也迁移出很多形近字思维导图、同音字思维导图、多音字思维导图……她熟练掌握了绘制思维导图的方法后，也能将其运用到其他学科。绘制思维导图的过程，让她的思维能力变强，也使她学会了知识迁移和相互联系，这也为她的后期学习打下基础。通过绘制思维导图，她的思维更加系统化，更具有逻辑性，这也让她掌握了学习方法。

案例分析

在这个故事中，家长通过引入思维导图来帮助女儿解决三年级学习难题，这一做法充分契合了该阶段学生的认知发展特点。三年级是学生从形象思维向抽象逻辑思维过渡的关键期，但知识量的增加容易导致零散化学习，进而出现混淆和记忆困难。故事中的孩子起初无法系统联系知识点，正是这一问题的体现。家长没有单纯要求重复练习，而是通过思维导图将生字、数学题型等知识可视化，引导孩子主动梳理逻辑关系。例如，绘制形近字、多音字导图，帮助孩子建立分类与比较的思维习惯；将导图迁移到其他学科，则强化了知识整合与跨学科应用能力。这一过程不仅提升了孩子的思维系统性和灵活性，更让她掌握了"以点带面"的学习策略。此外，家长以游戏化的互动方式融入日常，减轻了学习压力，激发了孩子的主动性。通过长期坚持，孩子从被动接受转为主动构建知识网络，这正是思考力培养的核心——将零散信息转化为结构化认知。

实操建议

1. 呵护孩子思考的火花

有些孩子，遇到问题的第一反应不是"我怎么想"，而是"正确答案是什么"。他们不敢质疑别人的观点，习惯随大流，想法总是千篇一律——这不是因为他们天生不会思考，而是因为大人在不知不觉中，一点点掐灭了他们独立思考的火苗。现实生活中，家长常常用两种方式"废掉"孩子的思考能力：第一种是"保姆式养育"——把孩子的一切都安排得明明白白。小到每天穿什么衣服，大到怎么安排学习计划，全由家长一手包办。孩子就像个提线木偶，久而久之，连"自己想办法"的念头都没了。这样的孩子，不仅生活能力差，而且遇到问题只会等别人给答案，脑子越用越懒。第二种是"指挥官式管教"——给孩子定下一堆"不准"和"必须"。写作业必须按家长的步骤来，回答问题必须符合标准答案，稍有不同就被批评纠正。孩子整天活在"怕出错"的紧张中，自然不敢有自己的想法，慢慢就变成了"应声虫"——大人说什么就是什么，自己根本不去想为什么。

2. 培养孩子绘制思维导图的能力

知识可视化是一种有效的全脑思维法，既培养学生的抽象逻辑思维能力，也提升学习效率。学生在绘制思维导图的过程就是信息提取和分析加工的过程，孩子在思考的过程中就会将关键信息加以联系、扩展、简化，这样就会帮助孩子记忆和储存大量信息。

语文，我们可以运用思维导图绘制作文提纲、区别和认识生字、识记古诗词、帮助阅读理解等。孩子通过自己动手整理信息，绘制思维导图，获得了逻辑思维能力的有效锻炼。

数学，孩子可以运用思维导图来理解公式、定理、同类题型，从而建立起学会分析、推理和综合的思维能力。

英语，孩子也可以用思维导图识记单词、语法规则等。

其他学科也同样适合用思维导图来收集和整理信息，形成系统的知识结构。

绘制思维导图的步骤：准备纸和笔→提取关键词→梳理分类概念和关键词的关系→细读材料，补充思维导图。

3. 提升孩子思维，重在自主发现与解决问题

在生活中让孩子自己发现问题，如压岁钱的管理、时间的管理、书籍的分类、逛超市物品的选购、衣服的搭配与选择……这些看似很简单的生活问题，其实是锻炼孩子思维能力的好时机，据科学家研究发现，引起孩子思考的是行为，有行为才会有思考，有思考才会有思维能力的提升。一切思考的基础都源自生活，我们需要激发他们关注生活、发现问题、解决问题的能力，从而锻炼他们的逻辑思维能力。

4. 有意识培养孩子思维的深度和广度

孩子学习的过程可被分为多个层次，初级学习是能听懂课题知识点（这里需要孩子具有专注力），进一步是能把学懂的知识点运用于解决具体问题（这里需要孩子的实践能力），这个过程就需要孩子思维能力的参与。我们在这个过程一定要引导孩子思维要有深度，例如在数学学习过程中，我们不仅要知道答案，还要能说出为什么是这个答案，要把解答过程叙述清楚，这样就能锻炼孩子的思维向深发展，有利于孩子养成新知识的探究习惯。除了培养思维的深度，我们要有意识地培养孩子思维的广度，这就需要我们在学知识的时候要运用比较学习、迁移学习、关联学习等思维方式，现代社会需要的是综合能力强的人，更需要具有探究意识的人，我们从小就要有意识培养孩子这方面的思维能力。

5. 培养孩子思考力得循序渐进，找对方法

孩子是一天天长大的，其思考力也是一步步发展的。并且，孩子个体有差异，其思维发展水平本身也存在差距，尽管存在这种差距可能只是暂时的，但也会给一些家长带来焦虑。因此，家长得放平心态，让孩子像爬楼梯，一个台阶一个台阶地走，一步步走安稳、走踏实。

（1）先接住孩子的问题，鼓励他"猜"和"想"

孩子都喜欢主动问"为什么"。比如："为什么气球会飞走""为什么这

句话用这个词不恰当""人体为什么需要补充蛋白质"……家长不用直接回答，先反问他，鼓励孩子猜一猜——"你觉得是怎么回事呢"，并引导孩子猜想多种可能——"你猜猜看，可能有哪些原因"。哪怕孩子说"因为气球想去找云朵"这种天马行空的答案，家长也别笑话，先肯定："哦，你这个想法很有趣！那还有别的可能吗？"

（2）主动引发孩子去思考

读故事书或观看电影时，家长应多问"后来呢"和"如果是你"，让孩子预测——"你猜猜，接下来会发生什么"，代入并想办法——"要是你遇到这种事，你会怎么办？"重点不是猜对情节，而是让孩子习惯动脑筋去想。

（3）教孩子"分步想"和"找联系"

当遇到难题（尤其是数学应用题），家长应带着孩子逐步思考：

理解题意——"这题讲的是什么事？先把事情说明白。"

找出关键信息——"要解决这个问题，第一步我们需要知道什么？"

建立简单推理——"知道了这个，第二步能算出什么？"

得出结论——"最后一步怎么得出答案？"

家长鼓励孩子用自己的话，把解题步骤一步步说出来。家长别急着催答案，孩子理清思路更重要。

（4）引导孩子"换角度看"和"想后果"

比如，孩子对班级规则有意见，又不敢直接跟老师提出来，只能悄悄跟家长说。那么家长可以和孩子一起讨论班级规则——"老师为什么要定这个规矩？是为了管纪律还是为了安全"，让孩子学会站在他人立场去思考问题。再比如，班上同学闹矛盾，孩子可能回家跟家长聊这件事。那么家长可以引导孩子——"你觉得甲同学为什么生气？乙同学又是怎么想的？"这样可以让孩子尝试理解不同观点。如果在生活中遇到一些麻烦，家长也可以鼓励孩子自己提出解决方案——"要是让你来安排/解决，有什么更好的办法？"

总之，思考力的培养是一个系统而庞大的工程，以上实操建议仅为家长们打开思路。还需强调的是，家长培养孩子思考力时，别指望他们一下子就能"多角度""深思考"，先确保"爱提问""敢猜想"，在这些基础台阶站稳后，再慢慢往上迈。相信孩子在呵护、引导、激励下，随着其自身经验的积累，思考力一定会越来越强。

四年级
如何提升孩子的记忆力

家长的困惑

四年级的孩子如同一棵正在抽枝的幼苗，思维逐渐活跃，却常因外界干扰而难以专注。一些家长发现，孩子虽能快速记住动画片情节或游戏攻略，但面对学习却显得力不从心。例如，读过的书却不知道里面讲了些什么，背诵课文时总是漏词添字，数学公式刚背完就遗忘，甚至前一天学过的英语单词第二天便混淆不清。更令家长焦虑的是，孩子常将"记不住"挂在嘴边，却宁愿花半小时看电视，也不愿花十分钟复习功课。

意大利教育家蒙台梭利曾说："记忆不是简单的储存，而是思维的再创造。"然而，现实中许多孩子陷入机械记忆的泥潭：抄写十遍课文却不解其意，反复朗读公式却不懂推导逻辑。这种"为记而记"的模式不仅效率低下，更消磨了孩子的学习热情。如何让记忆从负担变为乐趣？这需要家长重新理解记忆的本质，并找到符合孩子认知特点的引导方式。

关键词解读

记忆力是大脑对信息的编码、储存与提取的复杂过程。神经科学研究表明，四年级儿童的前额叶皮层正处于快速发育期，这一区域负责逻辑思维与长期记忆整合。此时若采用科学方法训练记忆，不仅能提升学习效率，更能促进脑神经网络的优化，为高阶思维能力奠基。

值得注意的是，记忆力的形成与多感官联动密不可分。例如，视觉记忆（图像与色彩）、听觉记忆（节奏与韵律）、动觉记忆（动作与操作）的协同作用，可使信息存储更牢固。心理学中的"双重编码理论"指出，同时调动语言与非语言系统（如图像、场景），记忆效果可提升50%以上。因此，家长需摒弃单一的文字复述法，转而设计多元化的记忆场景。

《义务教育课程方案和课程标准（2022年版）》强调：第二学段（三至四年级）学生"需通过理解与联结深化记忆""注重积累、梳理与运用相结合""避免进行机械训练"……这些意味着，记忆不应是孤立的知识点堆砌，而应通过逻辑关联与情感体验构建知识网络。例如，记忆古诗时，若孩子能想象诗中的画面或联系自身经历，诗句便不再是枯燥的文字，而是生动的故事。

育儿实践案例

画笔与课本知识的"和解"

小月是某小学的学生。小姑娘生性腼腆，说话轻声细语，不善与人交流。在小学一二年级时，成绩始终在及格线徘徊。背诵课文时，她总盯着课本发呆，给她反复讲的数学题却依然出错。父母急得团团转，每晚陪读到深夜，但小月要么抠橡皮，要么偷偷在草稿纸上画小动物。妈妈曾气得拍桌子："课本上的字一个记不住，画这些乱七八糟的倒有耐心！"一怒之下，没收了她的水彩笔和图画本。然而，在妈妈严厉管教之下的小月不仅没有进步，反而愈加消沉。她机械地抄写生字，听写时依然错误连连；数学习题错误率也不降反升。

转眼到了四年级，一次家长会，妈妈主动跟班主任沟通，说出了自己的困惑与焦虑。老师先安抚了家长的情绪，然后对妈妈说："孩子的想象力是宝藏，而三、四年级正是孩子从形象思维过渡到抽象思维的关键时期。孩子喜欢画画，这是她的兴趣和爱好，也可能是她减压的方式，应该得到呵护和发展。"

这次家长会后，父母按老师的建议归还了画具，并尝试用三种方法将绘画与学习融合：

1. 错题变身"漫画日记"

小月算错"$25 \times 4 = 90$"后，妈妈不再让她抄写三遍，而是说："把这个错误编成故事吧！"小月画了一只粗心的兔子，举着"$25 \times 4 = 90$"的牌子掉进泥坑，旁边标注："4个25是100，多出来的10是粘在爪子上的泥巴！"从此她再没犯过类似错误。

2. 古诗解锁"秘密画境"

背《枫桥夜泊》时，爸爸陪她在一张大画纸上用画笔描绘"月落乌啼""江枫渔火""寒山寺"等景物。小月边画边吟诵诗句："月落乌啼霜满天，江枫渔火对愁眠……"几天后，她主动给语文老师展示画作，当场背完全诗，还用自己的话说出了这首诗所表达的意境和情感。

3. 单词变身"色彩精灵"

英语课上，小月不再对单词表发怵。因为她在父母的启发下发明了一套"视觉联想法"——每个单词都对应一个专属图案和颜色编码。五年级时，小月还将整本英语书的单词做成了"绘本词典"，英语老师把她的作品拍成照片发到班级群。

蜕变与成就

到了小学五六年级，小月开始展现出惊人的学习潜能，在班级"古诗词擂台赛"上，她一举夺魁，让全班同学惊叹不已，测试成绩也在节节攀升。她顺利地上了初中和高中。尤其在高中时期，酷爱阅读和古代文学的她，语文成绩一直名列前茅。最终，她凭借文化课高分和出色的美术素养，被北京某高校录取。

案例分析

在小学低年级阶段，小月因性格内向、记忆力薄弱陷入学习困境，家长初期采用强制管教（如没收画具）反而加剧了她的挫败感。转折点出现在四年级家校沟通后，父母接纳了班主任的建议——将孩子热爱的绘画转化为学习工具，这一策略精准击中了教育核心：以兴趣为桥梁，让知识自然内化。首先，父母的方法符合儿童认知发展规律——在形象思维主导的阶段，图像记忆远胜于机械重复。其次，古诗与绘画的结合（如《枫桥夜泊》的画面重构）激活了多感官联动，诗句不再是孤立文字，而是与色彩、场景紧密关联的"记忆锚点"。最后，"单词色彩编码法"将英语学习转化为艺术创作，通过颜色与图案的个性化设计，枯燥的字母组合变成可感知的视觉符号，极大降低了记忆负荷。

当学习与热爱相遇，记忆便不再是负担，而成为自我表达的延伸。这一模式不仅适用于小月，更为所有在传统教育中受挫的孩子提供了可复制的希望路径。

实操建议

每个孩子都有自己的"记忆钥匙"。教育的智慧，在于从孩子倔强的"热爱"中，找到打开知识之门的密钥。

1. 冲突背后藏天赋：多元智能理论的实践印证

当孩子"沉迷"某件事时，粗暴禁止只会适得其反。如小月的画纸被没收后，学习反而更糟；而当绘画与知识结合时，却爆发出惊人的记忆力。有个男孩痴迷恐龙，背课文像要命。后来爸爸用恐龙贴纸帮他记古诗——贴一只霸王龙在"大漠孤烟直"旁边，孩子立马记住了"大漠"的画面感。爱唱歌的孩子若记不住英语单词，那这些洗脑神曲（"apple，apple，红苹果；jump，jump，蹦蹦跳！"）就会很有用。

哈佛大学心理学家霍华德·加德纳在《智能的结构》中指出，人类至少存在八种智能类型，而传统教育往往过度聚焦语言与逻辑智能，忽视其他潜能。小月的案例正是"视觉空间智能"未被激活的典型表现——她通过绘画构建认知世界的独特方式，恰是加德纳理论中"通过图像、色彩和空间关系理解信息"的核心能力。当家长没收画具时，实质是关闭了她最擅长的认知通道；而后期通过绘画整合知识，则印证了"优势智能迁移"理论：以强势智能为支点，可撬动其他领域的学习效能。正如教育学家阿姆斯特朗在《课堂中的多元智能》中所倡导的："教育者的任务不是纠正差异，而是利用差异。"

总之一句话：别逼孩子用你的方式记，帮他找到自己的"记忆开关"。

2. 化阻力为阶梯：建构主义学习观的胜利

"画画影响学习"到"用画画促进学习"，本质是教育视角的转换。把小月的兴趣变成记忆工具，比一万句"你要努力"更有效。

瑞士心理学家皮亚杰的认知发展理论强调，儿童通过主动建构而非被动接受来获取知识。小月将错题编成漫画、用色彩编码单词的行为，本质是

"同化-顺应"认知机制的具象体现——她将新知识（如数学公式）纳入已有认知框架（绘画思维），再通过调整框架（创作故事）实现深度内化。这种学习方式与杰罗姆·布鲁纳的"发现学习法"不谋而合：当学习者通过自我探索建立知识关联时，记忆留存率是机械背诵的 7 倍。更值得关注的是，小月后期发明的"公式密码本""单词绘本"，正是维果茨基"最近发展区"理论的完美实践：在成人引导下，孩子的自主探索能突破现有水平，抵达潜在发展高度。

请记住这个道理：孩子记不住？不是脑子笨，是方法没对准他的兴趣。

3. 接纳需要勇气：爱是记忆力的"营养剂"

父母的态度转变，不仅保护了小月的创造力，更重塑了她对学习的情绪记忆。有这样一个案例：有个小女孩儿记不住英语单词，每次听写完都用撕本子的方式来表达懊丧的情绪。妈妈偷偷把她撕碎的纸拼起来，做成"错题成长册"，扉页写着："宝贝你看，这些错误正在帮你铺路呢。"

发展心理学家鲍尔比的依恋理论揭示，父母的情感支持是儿童探索世界的安全基地。当小月母亲从"愤怒没收"转为"陪画陪学"时，实质是重建了"安全型依恋关系"——这种关系让孩子敢于冒险试错，而不会因失败陷入习得性无助。美国亲子教育专家简·尼尔森在《正面管教》中强调："错误是学习的最佳契机。"长大后的小月或许会这样回想童年的经历："原来妈妈不是讨厌我的画，而是在帮助我寻找绘画与学习之间的融合点。"

小月的故事展现了教育方法创新的力量，或许，一个人记忆力的全面提升并非仅依靠"绘画"就能实现单点突破。随着学业压力增大，家长也将视角投向更基础的层面——从饮食、睡眠、运动三大维度重构孩子的成长生态。关于这几个方面的知识，相信家长朋友通过智能搜索引擎，能够寻找到更专业的理论支持和更好的实操建议。

本节的编写初衷是唤醒孩子的内在学习动力。正如心理学家维果茨基所言："教育应走在发展的前面。"家长需敏锐捕捉孩子的兴趣点，将记忆训练融入生活细节。教育的目标不仅是传递知识，更是培养终身学习的能力。通过科学方法与温暖陪伴，我们不仅能帮助孩子跨越记忆的难关，更能让他们收获自信、创造力以及对世界的那份热情——这些，才是比分数更珍贵的财富。

五年级
如何培养孩子的分析能力和探究能力

家长的困惑

中低年级时，家长认为孩子学习成绩还不错，做作业也比较轻松。进入五年级，感觉孩子学习也很努力，孩子的成绩怎么下降这么多？为什么有些题怎么讲也不懂？为什么学了东西不能举一反三、融会贯通？学习效率怎么这么低？除了学习，没有时间干其他的事情了……

当孩子进入五年级以后，知识广度、难度都有很大程度的提高。这对孩子各项能力的培养也提出了很大的挑战，尤其是分析能力和探究能力。那么，根据五年级孩子"基本认知能力发展"要求，我们又该如何培养孩子的分析能力和探究能力呢？

关键词解读

分析能力是人在思维中把客观对象的整体分解为若干部分进行研究、认识的技能和本领。分析能力包括将问题系统地组织起来，对事物的各个方面和不同特征进行系统的比较，认识到事物或问题在出现或发生时间上的先后次序，在面临多项选择的情况下，通过理性分析来判断每项选择的重要性和成功的可能性以决定取舍和执行的次序，以及对前因后果进行线性分析的能力等。

探究能力是指个体在面对问题或现象时，能够运用各种方法和策略，主动地进行探索、研究，以获取新知识、解决问题或得出结论的综合能力。

五年级学生一般为 10~11 岁，处于身体素质发展的关键期。与中低年级的学生相比，五年级的学生注意力集中时间延长，达到 30 分钟左右，对注意力的控制能力增强，能有意识地抗拒外界的干扰，能比较专注地做事。有意识记忆在不断发展，记忆能力增强，处在从具体形象思维向抽象逻辑思维过渡阶段，但思维仍需同直接感性经验相联系，具有一定的具象性。

同时，五年级学生自我意识开始发展，对成人的依赖性减少，对学校和教师的教育内容逐渐有自己的见解，进行选择性接受，对社会现象开始关注，有独特见解。他们热爱对新鲜事物进行思考、追求、探索，学习的兴趣更为广泛，学习能力进一步增强，开始探索适合自己的学习策略与方法。

育儿实践案例

学习，总是在生活中悄然发生

小侄女彤彤上五年级了。一次周末作业中，彤彤遇到了这样一道数学题：

> 一个密封的长方体容器，长4分米，宽1分米，高2分米，里面水深16厘米，现在把这个容器的左侧面放在桌面上。
>
> ①这时水深多少厘米？
>
> ②此时，水与容器的接触面积是多少平方厘米？

彤彤做题的速度一向都很快，而这道题让彤彤足足思考了好几分钟也未果，彤彤只好求助于妈妈。妈妈淡淡地说："画个图吧，图一画出来，你自然就会做了。"可是，几分钟过去了，彤彤依然没有解答出来，甚至画出来的图都是错的。

可能很多小学高段的家长都遇到过类似的问题：孩子写作业很认真，可就是错误较多，甚至不会做；刚刚学了的题目，过一会儿变一下数据，依然无从下手；明明知道画图就可以解决的问题，可偏偏就不画图，导致做错……

那么问题到底出在哪里？上面的题目既是对孩子空间观念的考查，又为孩子解决问题策略多样化提供了空间。而孩子空间观念的建立，不仅仅在课堂上，更多、更重要的是在生活当中去观察、去操作、去分析、去探究。如果孩子不具备一定相应的分析能力和探究能力，学习上的障碍就会越来越多。

面对这样的题目，像彤彤一样不会做的孩子还很多，他们知道画图可以解决问题，只是脑子里没有图，所以不知道该怎么画。

看到这种情景，妈妈并没有生气，而是让彤彤说说自己对这道题是怎么理解的，还有什么疑惑。结果发现彤彤一开始便将题里的单位都看成了分米，觉得这道题出得不对，更是不知道"把这个容器的左侧面放在桌面上"的意思，认为此时长方体容器依然是长4分米，宽1分米，高2分米，也不理解什么是"水与容器接触的面"。如果孩子分析题意都出了问题，那怎么能够画出正确的图呢？所以在这种情况下，让孩子画图只是一句口号而已。

妈妈提示彤彤可以先做实验。彤彤找来一个类似的长方体盒子，里面装一定的水，并且标出盒子的长、宽、高以及水深后，再将盒子的左侧面放在桌面上，观察此时盒子的长、宽、高分别是多少？水深有什么变化？水的体积变化了没有？哪几个面是水与容器接触的面？经过实验操作、观察，彤彤豁然开朗，将图正确地画了出来，顺利地解决了这道题目，并且在第①题，求"水深多少厘米"时，发现了既可以用"体积÷底面积"，还可以根据两个底面大小关系解决，左侧面是下底面的一半，所以水深（水的高度）是原来的2倍。

其实，彤彤刚上小学那会儿，爸爸妈妈一度认为女孩儿就要娇养，只要学习成绩好，生活中的事做不做都没关系。除了学习，彤彤就像小公主一样被宠着、惯着。但往往事情不会按想象的方向顺利发展。不到两个月时间，爸爸妈妈就发现彤彤在学习上存在很多问题。比如最简单的10以内的加减法，彤彤每次都需要掰手指算，不仅算得很慢，而且有错误。爸爸妈妈忍不住生气，彤彤也因此又哭又闹。后来他们与老师沟通过后才恍然大悟，小孩子的生活经验和知识经验都不像成人想象中那么丰富，看似简单的知识也不像想象中那么理所当然的轻松易学，所以我们不能用成人的眼光去看待小孩儿的学习（不能拿成人几十年丰富的生活、学习经验去要求孩子），这样只会破坏亲子关系。很多知识的积累、能力的培养，都离不开生活，都需要在生活当中去渗透、操作、实践运用。现在爸爸妈妈还经常要求彤彤去爷爷的便利店帮爷爷看店，并有意识地引导彤彤观察和记录某些商品的售卖情况，便于分析市场销售情况，方便进货。这就是小学高段数学中的统计知识，事后还可以给予一定的表扬或奖励。这样不仅可以帮孩子巩固学到的知识，还可以拉近生活与学习的距离，让孩子感觉到知识的亲切，既锻炼了孩子的动手实践能力，又让孩子体会到了劳动的价值与快乐。在这个过程中，孩子的分析能力和探究能力也得到了提升。

如今五年级的形形，已经是一个自理能力很强的小姑娘了。她对许多事情有自己的打算和想法，学会了自己安排时间和活动（当然也并不是次次都非常合理）。一次在电视上看到小鸡出壳的情境，让形形觉得生命非常神奇。形形虽然以前课堂上也学过关于孵小鸡的知识，但一直没有实践过。形形现在想通过自己的实践探究，亲身体验一下小鸡诞生的过程。于是她把这个孵小鸡的实验计划告诉了妈妈。正值期末时期，学习任务很紧张，妈妈担心此事会影响形形的学习。但反过来想，凡事都有两面性，孩子有诉求，便可以以这种诉求为学习的动力，同时这件事说不定也可以缓解孩子期末复习时的紧张和压力。妈妈和形形约法三章，要协调好期末复习和孵小鸡之间的时间安排。

在形形的策划和妈妈的陪伴下，她们在网上购买了小鸡孵化器，利用周末时间到农村去了解该怎样选购孵小鸡的鸡蛋。原来，并不是每个鸡蛋都能孵出小鸡，种蛋必须新鲜，一般产蛋后 4~7 天的受精蛋最好。一将两就，形形还把去农村选蛋的经过写成了日记，正好完成了语文老师布置的周末日记作业。小鸡孵化的最佳温度一般在 37.8 摄氏度左右，五六天之后进行第一次照蛋，拣出无精蛋、死胚蛋和破壳蛋，10 多天之后进行第二次照蛋。每次照蛋，形形都拍下了照片，还跟网上小鸡胚胎成长照片进行比对，并且记录在实验操作手册上。看着小鸡胚胎的生长变化，形形无比欣喜。当第 21 天后，小鸡逐个破壳而出时，形形发出了惊喜的尖叫，还给每一只可爱的小鸡取了名字。回想形形这么多天以来的努力（有准备、有策划、有操作、有记录），看着形形兴奋的样子，妈妈也欣慰地笑了。

案例分析

形形的故事生动展示了如何通过生活实践培养孩子的分析能力和探究能力。面对数学题时，形形因缺乏空间观念而无法解题，妈妈并未直接讲解，而是引导她通过实验操作（如使用长方体盒子模拟题目场景）观察、记录和验证。这种"动手做"的方式，将抽象问题具象化，帮助形形理解了容器放置变化对水深的影响，并发现多种解题思路。这体现了"在实践中学习"的重要性——通过实践建立直观经验，孩子能更深刻地理解知识本质，而非机械套用公式。后续"孵小鸡"进一步印证了生活与学习的融合。彤彤主动提出实践计划，妈妈并未因学业压力直接否定，而是支持她协调时间、制订计划，并参与记录和观察。这一过程中，彤彤不仅学习了科学知识（温度控制、胚胎发育），还锻炼了规划能力、观察能力和数据记录能力。更重要的是，她的好奇心被转化为持续探究的动力，通过亲身经历验证理论，深化了对知识的理解。

实操建议

爱迪生曾经说过："学会解决问题的前提是学会分析问题。"分析能力就是对事物本质属性以及事物之间的内在联系的深刻揭示能力。事物的现象是纷繁复杂、变化万千的，要对这些现象进行加工整理，从中找出内在的联系和规律，来提高自己的分析能力。具体操作如下：

第一，培养孩子从不同角度分析问题。大多数孩子，在看待事物时往往停留在表面上，很少进行深层次的讨论。家长要培养孩子的分析能力，要先让孩子学会从不同角度分析问题，鼓励孩子看待一件事物时，不要以头脑中的第一印象而轻易下结论。相反地，孩子应该仔细观察事物，并与其他同类事物进行对比，从而建立起一种新型认知观点。

第二，培养孩子多提问。疑问是进行分析的开始，家长可以通过提问的方式，促使孩子关注事物，对事物进行细致观察，不断思考，认真展开分析，从而找出隐藏在事物内部的本质。

第三，培养孩子多比较。抓住事物的主要特征，通过不同的对比方式对不同事物进行比较，找出事物之间的相同点和不同点，有助于孩子分析能力的提高。小学生对自然事物有着与生俱来的好奇心，而这种好奇心恰恰是进行科学探究的起点和原动力，有了这样的好奇心，他们就会产生强烈的探究欲望。家长可以引导孩子经常对不同的事物进行对比，仔细观察，认真分析，辨别事物之间的细微差别，这对孩子分析水平和探究能力的提高是一种很好的锻炼。

第四，支持孩子自发地观察活动，对其发现表示赞赏；鼓励孩子根据观察或发现提出值得继续探索的问题。

第五，支持孩子大胆联想、猜测问题答案，并设法验证；引导孩子学习用适宜的方法探索和解决问题，或为自己的想法收集证据。

第六，和孩子共同制订调查计划，讨论调查对象、步骤和方法等，也可和孩子一起设法用图画、箭头等标志呈现计划。

第七，鼓励孩子用绘画、照相、做标本等办法记录观察和探索的过程与结果，通过记录帮助孩子丰富观察经验、建立事物之间的联系和分享发现。

第八，帮助孩子回顾自己的探索过程，讨论自己做了什么，怎么做的，结果与计划目标是否一致，分析一下原因以及计划下一步要怎么做等。

学习与生活的关系从来都不是矛盾的，而是相辅相成的。当学习与孩子的现实生活密切联系时，学习对孩子来说才是鲜活的、轻松的、美好的、富有生命力的。脱离生活的学习是不完整的教育，会导致孩子的各种能力得不到培养和发展。正如皮亚杰所认为的："一切真知都应由孩子自己获得，或由他重新构建，而不是草率地传递给他。"

通过引导孩子从生活现象中发现问题、动手实践、自主探索，将学习融入生活场景，既保护了孩子的兴趣，又让能力培养自然发生，最终实现"知行合一"的教育效果。让我们回归现实生活，到不同的生活情境中，拓展孩子的认知，去培养他们的能力。唯有这样，孩子的分析、探究能力才能得到真正的培养与提升。

六年级
如何提升孩子的逻辑思维能力

家长的困惑

孩子以前在班里总是名列前茅，特别是数学一直很拔尖。但是到了六年级，孩子的数学成绩逐渐下滑。明明上课能听懂，为什么一遇到综合练习，孩子就一头雾水？是智力问题，还是孩子学习不认真呢？

在小学阶段，孩子的成绩或多或少会发生波动、变化。一般来讲，孩子的成绩从三、四年级开始分化，到了五、六年级，差距非常大。

有些孩子"依样画葫芦"做题没问题，但是做完题让他讲，总是说不清楚，有点混乱；老师给孩子讲解"易错题"时，很多孩子是一听就会，但一做又错；家长让孩子做选择、判断时，孩子经常说随便，都可以，缺乏立场和主见。这些现象是什么原因造成的呢？这与孩子的逻辑思维能力强弱有关系。

关键词解读

思维是人脑对客观事物间接的、概括性的反映。学生的思维能力发展得越好，认识问题和解决问题的能力就越强。

逻辑思维，又称抽象思维，是人们在认识事物的过程中借助于概念、判断、推理等思维形式能动地反映客观现实的理性认识过程。它是通过对认识者的思维及其结构以及起作用的规律进行分析而产生和发展起来的。只有经过逻辑思维，人们对事物的认识才能达到对具体对象本质规律的把握，进而认识客观世界。它是人认识的高级阶段。

小学六年级孩子认知事物的特点，逐渐由以具体形象思维为主要形式向以抽象逻辑思维为主要形式的阶段过渡，抽象逻辑思维开始逐渐占据主导地位，这一时期，思维能力的健康发展将为孩子中学的学习生活打下良好的基础。

六年级孩子思维发展具有如下特点：

首先，抽象逻辑思维逐步成为孩子的主要思维方式，思维特点较中低年级有较大的不同。但是抽象逻辑思维发展不均衡，很大程度上仍然直接与感性经验相联系。

其次，思维的批判性和深刻性成为孩子逻辑思维能力发展的重心。六年级的孩子已初步具备了抽象逻辑思维能力。此时，重点培养孩子思维的批判性和深刻性，符合孩子思维发展的特点，有利于孩子适应更高年级的学习，并为初中的生活做好准备。

再次，六年级孩子对思维过程进行反思的能力有所提高，能够在家长的引导下对思维进行监控与调节，有利于打破思维的瓶颈。

最后，科学的问题设置，有利于高年级孩子思维的发展。家长可以根据孩子的认知结构和思维层次，提出符合"最近发展区"的问题，培养孩子分析问题、解决问题的能力。

育儿实践案例

两个苹果

小凡眉头紧锁，咬着笔头，好似在冥思苦想。时间嘀嗒走过六点，已经放学 10 分钟啦，一年级的小凡还在教室里为画两个苹果而苦恼。爸爸轻轻地走到他身后，拍着他的脑袋问："儿子，你怎么不画呀？""'两'我知道，'苹果'我也知道，就是不知道'个'怎么画？"小凡支支吾吾地回答。原来小凡还在为不知道怎么画两个苹果而犯难。爸爸听了，真是哭笑不得。"儿子，你怎么这么笨呢？两个苹果是一个整体，你为什么要分开来想呢？""来，爸爸给你画。"说完，爸爸就在小凡的作业本上画了两个苹果。

有一次，三个小朋友一起吃烤肉。刚开始，他们就做了约定，三个人轮流翻肉、刷油、调节火的大小。小凡选择用夹子翻肉，不一会儿，鸡翅皮的油脂烤化了，整个鸡翅就粘在烧烤纸上，小凡见状大声惊叫起来："鸡翅被粘住了，鸡翅被粘住了！"可是，他手中的夹子却悬在半空中不动弹了。小凡妈妈闻讯，马上赶过来，夺过小凡手上的夹子说："来，妈妈帮你翻。"这下，小凡如释重负，一屁股坐在了椅子上，开始大口吃着碗里烤熟的肉。

就是这样，不管是在生活上，还是在学习上，小凡一遇到困难，他就不知所措，总想等待大人或同学的帮助。

到了小学六年级，小凡的学习成绩越来越糟糕。爸爸、妈妈叫苦连天，他们找到小凡的班主任诉苦："老师，我们对小凡确实没有办法啦！我们每天早上让他早读，晚上让他做练习，不懂的地方就给他讲。这几年，从周一到周五晚上，我们几乎停止了所有的社交活动，一直陪伴着他，他怎么就没有一点儿进步呢？我们怀疑这孩子是不是脑袋有什么问题啊？"

"小凡家长，孩子的问题，本质上是我们家长的问题呀！"老师语重心长地说，"刚才你们说，早上让孩子早读，晚上让他做练习，不懂就给他讲，问题就出在这里呀！"小凡父母百思不得其解：不是说孩子要多陪伴吗？难道我们的辛苦白费了吗？

老师接着说："陪伴不是代替，更不是包办，而是像同伴一样启发他，鼓励他自己思考问题，自己动手解决问题。"

爸爸、妈妈恍然大悟：原来我们一直都在越俎代庖！

跟果果聊"偷吃人参果"

果果在阅读《西游记》中"偷吃人参果"的章节时，妈妈问了他几个问题，并让他试着寻找解决办法。

问题一：换一拨人接待唐僧，会怎么样呢？

镇元大仙留下清风、明月两位徒弟接待唐僧，两位徒弟相对年轻，办事经验较少。如果留下的徒弟较为年长，办事经验丰富，大大方方地把人参果端到唐僧师徒面前，孙悟空和八戒还会去偷吗？还会发生推倒人参果树事件吗？

问题二：偷吃人参果的主犯是谁？起因是什么？

偷吃人参果，是八戒的主意，孙悟空来执行。如果八戒不提这个建议呢？后面的冲突还会有吗？如果有，设想一下会如何展开？

问题三：吵架导致矛盾激化，是谁推倒了人参果树？

孙悟空在和清风、明月的吵架中，恼羞成怒，使矛盾激化，最终推倒了人参果树。冲动是魔鬼，吵架的双方，都没有去克制、理性地解决问题，导致矛盾激化。

问题四：唐僧如果不跑，留下来等镇元大仙回来，并向他道歉，会怎么样？

当果果读到唐僧师徒过火焰山，孙悟空三借芭蕉扇，费尽周折时，问他：有没有更好的借芭蕉扇的方法？如果孙悟空先去找牛魔王，看在500年前结拜的交情上，让牛魔王出面借芭蕉扇会怎么样？如果孙悟空直接去找观音菩萨的善财童子（红孩儿），让红孩儿出面借芭蕉扇，是不是更好？中间和牛魔王的打斗，是不是可以避免？

类似的问题，妈妈经常跟孩子聊。

案例分析

小凡的爸爸妈妈看似很爱孩子，用了大量时间陪伴孩子，但当孩子遇到困难时，他们采取的是"越俎代庖"的办法，直接代替孩子思维，让孩子的思维逐渐固化，形成固定思维。久而久之，孩子会觉得自己不行，无法挑战新问题和新困难。我们家长应该长期坚持培养孩子的成长型思维模式。孩子是天生的学习者，他们从呱呱坠地，就在不断地学习和探索，困难和问题是他们思维发展的动力，父母可以引导，可以启发他们自己想办法解决问题，而不是直接帮他们解决。

妈妈的做法很值得借鉴，她问孩子的问题没有标准答案，是开放式的。这些问题，可能需要分几种不同的情况来探讨，也可能会推导出故事情节的不同发展方向。这样就可以培养孩子思考问题的框架和后续逻辑思维推理的能力。

实操建议

如何训练提升孩子的逻辑思维能力呢？家长可以试试以下训练方法。

1. 复述法

（1）说出来

家长可以找侦探推理类的书籍或者电影，让孩子每看完一个章节（电影为10~20分钟），暂停一次，复述一遍看过的内容。等到全部看完，再把整个故事讲给家长听，并不断地精简和缩短时间，让孩子概括主要内容。

（2）写出来

有时候，孩子会出现心里想的是 A，讲出来的是 B，写出来的 C，这是逻辑混乱导致的。先让孩子采用说出来的方法训练，当孩子说出来的与内心想法无限接近的时候，再让孩子尝试把想法写出来，类似让孩子给文章、电影整理一个目录，最后看看逻辑上有没有问题，并不断修改完善，这个过程就是思维重塑的过程。

2. 沉浸法

很多孩子在学习过程中是"过知识"，而不是思考为什么。其实我们大部分的人都会有这个问题，因为在碎片化的时代，我们的思维大都是"观众式"的，也就是说思维逻辑经常停留在"看戏"的状态。比如看"奇葩说"，谁开始辩论了，我们就觉得谁说得有道理，而不会去思考自己的观点是什么。又比如看电视剧，主角被冤枉了，我们就跟着生气，而不去思考为什么被冤枉了……

我们的脑子好像不是自己的，谁在发表观点，就被谁占据。这听起来有点可怕，但实际就是这样的。因为我们只是"观众式"思维，想要提升自己的逻辑思维能力，我们需要摆脱这种状态，转变成"沉浸式"。就是把自己代入到各个角色里去思考：如果我是他，我会怎么做。

（1）做游戏

孩子通常都喜欢游戏，可以考虑剧本杀、密室逃脱类游戏，这些游戏需要孩子通过逻辑完成推理，逼着孩子自己思考，来取得游戏的胜利。

（2）辩论赛

家长还可以经常跟孩子进行辩论赛，这样可以让孩子身临其境地体验大脑飞速运转寻找逻辑的紧张刺激感。家长也可以给孩子在"主持人大赛"的选题里找寻一个，让孩子把自己作为参赛选手，认真地辩论一次。辩论后，再让孩子看看节目的该选题辩论，让孩子学习、比对，为下一个选题做准备。

（3）自我提问

看到一种观点出现的时候，首先让孩子进行自我提问，为什么从这个角度切入？结论是怎么得出的？有没有其他的角度或者其他的结论？

3. 结构法

逻辑思维的训练，我们也可以通过了解一些逻辑结构来进行提升。比如我们想做到逻辑清晰地表达，那么可以"论证类比"。

论：结论先行（先表达结论，不要说太多干扰性的话）。

证：以下证上（需要论据，来让你的结论能够站得住脚）。

类：归类分组（每个论点尽量不要交叉，容易混淆）。

比：逻辑递进（逻辑需要一定的顺序，比如时间、空间以及结构的顺序）。

如果我们想做到逻辑顺序，可以通过几条主线利用思维导图进行训练。

（1）时间线

时间其实是最好的逻辑，电视剧、电影基本是按照时间的正序和倒叙来演的。

（2）故事线

故事线可以用 5W2H 的方法来训练。5W2H 指的是 7 个英语单词，5W 是 what（做什么）、when（何时）、where（何地）、why（为什么）、who（是谁）。2H 是 how（怎么做）、how much（多少钱）。

家长朋友们，要想提高孩子的逻辑思维能力，就大胆放手让孩子去实践，去拆分、去推理、去归纳、去概括。

第十一章

引导行为，夯实品质

在孩子的成长征程中，学校不仅是知识的汇聚之地，更是雕琢人格、锤炼能力的关键摇篮。然而，不少孩子在涉足学习与人际交往领域时，常常陷入迷茫的泥沼，承受着沉重的压力。究竟怎样才能让孩子由衷地热爱学校生活，熟练掌握与人合作、交往的技巧，在内心深处种下感恩的种子，欣然接纳自我，乃至孕育出非凡的领导力？这是每一位家长与教育工作者都在心底反复思索的核心议题。这一问题的答案，其意义远远超越了孩子当下的学业成绩范畴，更紧密关联着他们未来能否成功蜕变，成长为自信满满、乐观豁达，兼具责任感与合作精神的社会栋梁。

今天，我们将深度探寻这些关键能力的培育路径，精心为孩子的成长打造一份全方位且充满人文关怀的指南，助力他们在成长之路上稳步前行。

一年级
如何让一年级的"小豆丁"爱上学

家长的困惑

孩子已步入小学，却迟迟难以适应新环境，无法迅速融入新集体。孩子在课堂上难以静坐，拼音读写困难，算术屡屡出错。每天磨蹭不愿出门，回家后对作业抵触，深感学习艰难，甚至产生厌学情绪。面对这种情况，该如何是好呢？

小学是孩子正式学习生涯的起点，也是教育的基础阶段。儿童初入学的适应情况，在一定程度上决定了他们对学校生活的态度和情感，进而影响其未来的学业成绩和社会成就。俗话说，良好的开端是成功的一半。对于刚踏入小学的孩子而言，感受到学习的乐趣，是他们愿意学习并建立学习信心的基石。因此，协助新生顺利适应小学生活，是小学一年级至关重要的教育任务。

关键词解读

2021 年 3 月 30 日教育部发布的《教育部关于大力推进幼儿园与小学科学衔接的指导意见》，其附属文件《小学入学适应教育指导要点》以促进儿童身心全面适应为目标，围绕儿童进入小学所需的关键素质，提出**身心适应**、**生活适应**、**社会适应**和**学习适应**四个方面的内容指导。

《小学入学适应教育指导要点》指出，身心适应的发展目标包括：喜欢上学、快乐向上、积极锻炼、动作灵活。生活适应的发展目标包括：生活习惯、自理能力、安全自护、热爱劳动。社会适应的发展目标包括：融入集体、人际交往、遵规守纪、品德养成。学习适应的发展目标包括：乐学好问、学习习惯、学习兴趣、学习能力。

育儿实践案例

仪式感，让思想先入学

在幼儿园，孩子被置于一个非常宽松的氛围中，教师的角色更多是陪伴他们进行各种游戏，而不是频繁地进行系统的知识教育。而小学是一个讲纪律的地方，学习的要求也会越来越高，孩子的心理和身体上都会有一个适应和过渡。如何让萌萌能够快速地转变角色，轻松地完成这个过渡，爱上学习，爱上上学呢？这是从萌萌读大班开始，萌萌妈妈就一直在思考的问题。

有一天，萌萌妈妈偶然听到一句话——"生活需要仪式感！"这句话瞬间启发了她。小学是孩子人生中正式学习的起点，是他们成长道路上的重要里程碑。萌萌妈妈认为，应该为女儿举办一个隆重的入学仪式。

于是，萌萌妈妈开始了一系列精心的准备工作。首先，她带着萌萌参观了即将就读的学校。那天正值周内上课期间，妈妈领着萌萌走到校门口，指着校牌郑重地向她介绍了新学校。她们漫步在宽阔的操场上，妈妈告诉萌萌，将来她将和小伙伴们在这里做体操、玩游戏；走在走廊上，听着教室里传来的琅琅读书声，妈妈描述着萌萌未来坐在明亮的教室里识字、阅读有趣书籍的情景，还提到老师会教她英语、数学，以及一起做有趣的科学实验；看到风雨操场上的师生书画作品，妈妈鼓励萌萌，将来她的作品也能挂在这里……

其次，萌萌妈妈告诉女儿，进入小学意味着成为正式的学生，应该拥有一间属于自己的小书房，用于看书、学习和做作业。从书房的选址到内部摆设、书桌的选购，萌萌都积极参与。当书房布置完毕，萌萌兴奋地说："我已经迫不及待想当小学生啦！"

最后，在开学前夜，爸爸和妈妈为萌萌举行了庄重的入学仪式。吹灭蜡烛后，他们送上入学礼物——一个精美的书包和配套的学习用品，并详细讲解了各物品在书包中的摆放位置，强调用完后要归位。父母还向萌萌介绍了小学与幼儿园的不同之处，特别是需要遵守的规则，并解释了制定这些规则的原因。

每天放学回家，萌萌简单用餐后，便洗净小手，迫不及待地钻进她的私有小书房学习。妈妈则拿一本书静静地陪伴，适时读题，耐心解答疑惑。作业完成后，母女俩会在书房里聊聊天，萌萌会分享学校里的趣事。爸爸妈妈还在书房专门布置了一面荣誉墙，每次萌萌获得的奖状都被端正地贴在上面。

如今，萌萌已是二年级的学生，每天早晨都兴高采烈地去上学，连节假日也念叨着想回学校。

不急不躁，静待花开

小七上小学了！刚开始家里大人、小孩都还挺兴奋。可是过了一段时间，妈妈发现小七放学后不再叽叽喳喳地缠着她讲学校的事情了，每天上学也变得不那么积极了。妈妈很奇怪，就问小七怎么回事？结果小伙子，嗫嗫嚅嚅地问她："妈妈，我是不是个笨小孩啊？"小七妈妈很吃惊，发现问题好像有点儿严重了。于是赶紧和班上的老师沟通，也和认识的同学家长进行了探询，终于了解了事情的真相。班上的很多孩子在入学前都参加了各种幼升小的衔接培训，听说有个厉害的孩子甚至已经认识 1 000 多个汉字了。而小七连"大、小、口、子"都算上，认识的字不足一百个，是全班认字最少的几个孩子之一。在学习拼音时，他总是把"b、p、d、q"的肚子写反，数字"2、3、5、9"也总是反着写。因为这样，小七深受打击。

了解了这些情况后，小七的爸爸妈妈有点儿着急了，忍不住自我怀疑："真的是我的儿子比别人笨吗？""我们家长应该怎么做，才能帮助他呢？"后来小七的爸爸妈妈通过上网查询，发现低段的孩子因为刚刚接触文字开始写字，难免出现镜面字的情况，他们是需要时间去记字词的笔画，对于像小七这样敏感度较低的孩子，他们需要更多的时间去学习。为了帮助小七克服这个困难，爸爸妈妈开始和小七一起学习。为了纠正声母的问题，他们编了儿歌教给儿子"右下半圆 bbb，左下半圆 ddd，右上半圆 ppp，左上半圆 qqq"，并且加上动作，在每天上学和放学的路上重复练习，加强巩固。他们还发明了考眼力的游戏，比如：写一排数字"8888838888""666966666""55525555"让小七找出不同的数字，或者是把"大、太、丈、犬""田、甲、申、由"这些形状相近的字写在一起，让小七找找汉字宝宝的不同点，以此来培养孩子的观察习惯和能力。经过一段时间的强化训练，小七爸爸妈妈惊喜地发现自家儿子在写字前总会仔细地观察一番再动笔，而他写的字再也没有出现镜面字了。为了增加儿子的识字量，妈妈给小七做了一个识字宝盒。他每认识一个新字，就写成卡片放进宝盒里。一张张卡片点燃了小七识字的兴趣，看到爸爸喝酒，就会问：喝酒的"酒"怎么写？不是七八九的"九"吧？妈妈就指着酒瓶上的酒字给他看，他就端端正正地写一个"酒"放在盒子里。小七常常把玩宝盒，数自己的识字成果。识字宝盒从小盒子换成大盒子，从一个盒子增加到几个盒子。摞起来的不仅仅是卡片，还有小七满满的成就感。每当和大人们走在路上，见到广告牌上的字，小七会兴奋地念出他认识的字，遇到不认识的一定要请教旁边的人，晚上还主动帮弟弟读睡前绘本故事。为了培养小七的表达能力，爸爸妈妈还聘请小七当他们的话务员。爸爸打电话时，请小七接电话，然后再把爸爸的话转述给妈妈。那年暑假是小七爷爷的60大寿，众多亲朋好友来贺寿，小七非常荣幸地被爷爷选作主持人。寿宴上，几百字的主持词，小七一字不差，全部读正确了。当小七顺利地主持完寿宴后，满堂的宾客都为他喝彩。听到下面的热烈掌声，小七开心地笑了，明亮的眼中闪耀着自豪的光芒。

小七说："上学真好！我喜欢上学！我还要认更多的字，学习更多的知识！"

案例分析

案例"仪式感，让思想先入学"：从思想上"入学"，才能从身体上"入学"。愿望和兴趣是做好事情的前提和关键，多数孩子上课坐不住，学习跟不上，是因为还没有意识到自己是一名小学生。"小学生"是与幼儿园小朋友不同的新角色，也有不同的责任和任务。让孩子了解新角色，才能让孩子更主动探索和适应小学生活。所以父母要让孩子知道，他马上就要成为一名小学生了，让他做好心理准备，引导他从内心感到自豪。一定不要给孩子传递学习是很辛苦、很紧张的，让孩子产生恐惧。案例中的父母，通过一次隆重的入学仪式，以及带领参观新学校，让孩子提前直观地了解自己新的学校和新的学习生活。尤其是通过一次正式的、有仪式感的谈话，不仅使孩子知道了要遵守的规则，还解释了为什么要遵守这样的规则。从而解答孩子心中一些疑惑，为他们描绘出令人向往的小学生活，让孩子对小学充满期待，对学习充满兴趣，激发起孩子进入小学学习的热切愿望。

案例"不急不躁，静待花开"：家长先"入学"，孩子才能"入学"。孩子在幼儿园的时候，最重要的任务是玩，家长看到孩子开心就够了。可一上小学，优秀的同龄人多了，相比之下，自家孩子一下子变得满身缺点，除了催着孩子上进，家长似乎也没有更好的办法了。案例中的家长在孩子遇到困难时，没有去粗暴地指责孩子不努力，胡乱给孩子贴标签，而是调整心态，科学地认识孩子的年龄和心理特征，上网查资料，努力学习，积极寻找帮助孩子解决问题的方法——编儿歌、做游戏、聘请孩子当话务员，给孩子委以重任。正是家长在情感上理解，方法上支持，陪孩子攻克难关，帮孩子创造成就条件，孩子才能快速地恢复自信，认识到学习带给自己的成长，并由衷地喜欢上学，喜欢学习。

实操建议

1. 好朋友，是孩子爱上学的磁石

回想我们小时候，喜欢上学在很大程度上是因为学校里那些好朋友，这对刚踏入一年级的孩子尤为重要。好朋友对孩子而言，就如同磁石一般，有好朋友的地方就充满了吸引力。尽管我们无法代替孩子去交朋友，却可以教会他们如何与朋友相处，并为他们创造交友的机会。首先，我们要告诉孩子，班级是他们在学校的另一个家，班上的同学就如同兄弟姐妹，大家应相互关爱，对待朋友要宽容，学会欣赏他人。其次，要让孩子明白，若希望别人喜欢你，愿意与你为友，自己必须具备独特的闪光点。"你若盛开，蝴蝶自来。"此外，作为家长，我们也应扮演好"助攻手"的角色。家长放学接孩子时，可以提前到达，与其他家长交流，尽量多结识班上的家长，特别是与同路的小朋友及其家长加强联系。当孩子有了朋友后，可以建议他们邀请好朋友周末一同去图书馆阅读、去体育馆锻炼，或开展其他亲子活动。孩子过生日时，也可以邀请朋友参加生日聚会，这样不仅能让孩子有更多机会与其他小朋友接触和相互了解，还能更快地找到志趣相投的好朋友。当孩子身边有了好朋

友，他们一起学习、游戏、做作业、讨论问题，便能更快地适应学校生活。

2. 爱老师，是孩子喜欢上学的魔法石

俗话说："亲其师，信其道。"若孩子在学习中能遇到他喜爱的老师，那无疑是幸运的。然而现实中，孩子常会觉得小学老师的要求比幼儿园老师严格，不及幼儿园老师温柔。此时，家长需在老师和孩子之间搭建一座爱心的桥梁。家长既要了解老师的性格特点，将老师的优点传递给孩子，又要帮助老师了解自家孩子的性格，以便因材施教，树立老师的正面形象。我们在孩子面前应维护老师的形象，减少负面信息，遇到问题积极沟通。家长切莫在家中言及"你就调皮吧，明天让你老师收拾你"或"你又做错什么，我给你老师打电话，明天让你罚站、让你留办公室"……更不应因孩子奉老师的话为圣旨而心生嫉妒，在孩子面前说老师的坏话。若常在孩子面前发表此类言论，孩子还会喜欢老师吗？孩子若害怕见老师，害怕上老师的课，又怎能专心学习，喜爱学校呢？唯有喜欢老师，孩子才会渴望与老师建立积极联系，对老师产生接纳、信任、崇拜的情感，感受到老师的爱、欣赏和支持。孩子对老师的爱，如同魔法，能点石成金，让孩子爱上学校，爱上学习。

3. 集体活动，是孩子爱上学习的催化剂

雷锋说：一滴水只有放进大海里才永远不会干涸。人的社会属性决定了人对集体生活的情感需求，希望在集体中被认可和接纳，得到尊重和理解，从而获得安全感和归属感。一个孩子，只有在安全感充足的环境中学习、生活，才能更好地建立自信心。同时，通过集体生活，孩子能真正涵养品德、发展个性。学校是团体生活的场所，学生对班级活动参与越多，融入越好，就越有归属感，越爱学校，越爱班级。因此，我们应多鼓励孩子积极融入班级事务，包括各类竞赛和集体活动，建立班级荣誉感。许多竞技活动都以团队形式进行，家长应有意识地培养孩子的团队活动技能。例如：在接力赛中与伙伴争分夺秒；在比赛场上为同伴呐喊加油；同学有困难时主动伸出援手；与小朋友们一起打扫教室，创造整洁的学习环境……集体活动，是孩子快速融入新环境，爱上学习的催化剂。当孩子积极参加各类集体活动，能使班上的同学和老师更快地认识自己，在他人的评价中感受到自己在班级中的重要性，从而更爱学校，更渴望上学。

4. 成就感，是孩子爱上学习的动力源泉

根据积极心理学研究，成就感的获得能够触发大脑奖赏回路释放多巴胺，这种正向神经反馈机制是形成学习内驱力的生物学基础。教育实践表明，当儿童通过自身努力突破最近发展区、完成认知建构、获得能力验证时，其前额叶皮层会形成"努力-成功"的神经联结，这种强化机制将推动学习行为进入良性循环。

课堂学习是学校的主要学习方式，家长需帮助孩子尽快融入和参与其中，孩子越早适应，就能越快融入有趣的校园生活。家长可引导孩子认真听好每一节课，嘱咐孩子课堂上专注观看，仔细聆听，积极争取发言机会，参与师生互动。同时，家长还可为孩子量化每日学习内容，设定小目标，给予小奖励，培养孩子持之以恒的习惯。

家长还应多提供展示孩子学习成果的机会。例如：让孩子担任"小老师"，每天完成作业后，抽时间将所学知识讲解给父母听，既巩固知识，又锻炼表达能力。为讲得更好，孩子在课堂上也会更认真，一举多得。

记得小时候，父亲要求我每日练字一篇。起初，我极不情愿，羡慕其他小朋友的自由玩耍。后来，父亲常将我写得好的字贴在家中显眼处，家人和亲朋纷纷表扬，还让自家孩子向我学习，这让我信心倍增，动力十足，更加努力练字。练字过程中培养的细致、坚持等品质也惠及我的其他学习和生活，受益终身。

绝大多数孩子的学习动力并非兴趣，而是学习带来的成就感，成就感是驱动孩子主动学习的最大动力。因此，家庭教育中，家长应注重培养孩子的成就感，增加学习成功体验，帮助孩子树立正确的价值观和自我评价体系，促进全面发展。

幼升小，是孩子学习生涯中的首个关键转型。帮孩子做好适应性准备，让他满怀期待快乐入学，并用耐心和关爱陪伴其学习成长，倾听在校的忧虑与快乐，让孩子从学习中获得正向反馈，奠定良好学习基础，勇敢面对未知与挑战。

二年级
如何引导孩子与人合作

家长的困惑

低年级的孩子在学习和生活中有同伴交往、游戏、合作的强烈愿望和心理需求，热衷探索新鲜事物，对外界反应敏感。孩子在活动中拥有积极的发展愿望，强烈的分享欲望，较强的自主意识，常常表现出以自我为中心。但是不正确的沟通、合作的方式和方法常常成为实现目标的障碍，容易在交往中受挫，产生消极情绪，影响同伴交往。

部分孩子因缺乏自信、能力不突出，加上沟通能力较弱，不愿主动参加活动。活动参与的过程中总不能获得自信，受到挫折后容易情绪失控，导致在活动中不能乐于交流，从而影响参加活动的积极性。

关键词解读

合作是个人与个人、群体与群体之间为实现共同的目标，彼此互相配合的一种联动行动。合作精神就是大局意识、协作精神和服务精神的集中体现，其基础是尊重个人的兴趣和成就，核心是协同合作，最高境界是团队全体成员形成向心力与凝聚力。

团队活动是培养合作精神的有效途径，活动创造了同伴相互沟通、相互学习、相互竞争的空间。活动中，孩子学习友好交往、尊重他人、团结协作，从而达到共同进步的目的。

未来社会需要有合作精神的人才，团队活动是培养孩子合作精神的重要途径。采取合作的方式，组织孩子群策群力，各显身手，在活动参与中，体悟合作的意义，学习合作的方法，感受合作的乐趣，增强自己在团队中的归属感，从而更好地融入集体生活。

育儿实践案例

关注细节 意识萌发

二年级的孩子，正处于对世界充满好奇与探索的阶段，引导他们学会与人合作，不仅能帮助他们更好地适应社会，还能为他们的成长奠定坚实的基础。

小杨是个活泼好动的男孩子，对每种事物都充满好奇心，都想去动手尝试，脑袋里的各种想法也是层出不穷，妈妈常说他就是一个"十万个为什么"。在好奇心的驱使下，他总是积极地去做很多事情，每个喜欢的东西都要拿到手上认真研究。这些表现在家里还好，但是在外面就会导致出现各种各样让妈妈头疼的事儿。他也常常因为这些情况和同学、朋友产生矛盾，有时候甚至为此大打出手。每当他和同伴发生矛盾时，妈妈总是耐心倾听，让他明确自己的情感体会，分析事情的起因经过，认同他的好奇心，引导他尝试解决这些矛盾。

几次过后，妈妈和爸爸商量，希望找到一些帮助他在日常中调整的方向。周末，妈妈总是带着他打扫房间，妈妈扫地，他就擦桌子，干净整洁的桌子总是得到妈妈的赞赏，他的自我认同感逐渐提升。在亲子活动时间，父母一起陪伴他做游戏、搭建模型、完成户外野餐等，在活动过程中制定合作规则，活动结束后爸爸妈妈也会询问他活动的感受、自己的想法等。有时候他们也邀请朋友一起户外活动，活动之前妈妈告诉小杨，要学会倾听他人的意见和想法，尊重别人的观点。当朋友们一起讨论如何完成一项任务时，妈妈鼓励他认真听取伙伴的意见，不要急于表达自己的看法，提醒他先梳理好自己的观点，再清晰地表达自己的想法。几次活动后，妈妈发现了小杨的变化。妈妈及时鼓励和反馈，带着小杨一起分析、总结，小杨慢慢感受到同伴合作的乐趣，也更加乐于和同伴合作，发生矛盾的次数也越来越少。他在合作中茁壮成长，慢慢成为一个有责任感、有团队意识的人。

忽视关注 迷失方向

每个家长都期望孩子能够在集体生活中，更好地展示自己的优势，学会接纳、认识他人和自己，更好地处理同伴关系，收获自己的好朋友。

小雷已经结束了一年级的学习生活，进入二年级很久了，但是他"小调皮"的称呼依然没有去掉。课间和同学玩游戏时，所有的游戏规则都必须按照他的想法来制定，稍有小朋友不同意，他便会动手打同学。很长一段时间，班级的同学都不愿和他一起玩耍。他为了和同学们一起玩，总是以各种同学们不能接受的方式去挑逗他们。为之苦恼的还有他的同桌，他从来都是强制性地借东西，且经常有借无回。

课堂上老师要求同桌交流学习时，他也从不能安静地听别人的观点，总是粗鲁地打断别人，一个劲地表达自己的想法，还要求同学们按照他的观点来完成，导致很多时候学习内容的完成都不太理想。这不仅让他感到挫败，同桌对学习也提不起劲。完成练习的时候，一遇到稍微难一点的题目他就懒于动脑，遇到简单的内容他总是大声分享出来，没有任何规则意识，完全不顾别人的感受。慢慢地，同学们开始疏远他，课间最热闹的时候，总是看到他耷拉着脑袋，一个人孤单地走来走去。

班主任老师就小雷的问题和他妈妈沟通很多次，妈妈传达出这样的观念：孩子的成长应顺其自然，对孩子的教育不用很刻意，随着年龄的增长孩子应该会有变化。她和孩子父亲工作也比较繁忙，很少有时间和精力亲自关注孩子，大多数时候都是爷爷奶奶在细心照料孩子，爷爷奶奶有时会溺爱孩子，觉得随着孩子年龄的增长，这些问题都会迎刃而解。但是随着时间的推移，小雷在与同伴交往中依然强势霸道，急于表达自己的想法，从来不会耐心听取他人想法，结果小朋友们都不太喜欢和他一起玩游戏，就算有小朋友一起玩，要不了一会儿，他又会和小朋友争执起来，最后不欢而散。看着孩子总是嘟囔着嘴巴不开心的样子，家长也开始担心，究竟应该怎样引导他学会和同伴交往、合作呢？

案例分析

案例"关注细节 意识萌发"中的小杨从一开始不知道怎样和同伴相处，再到感受到合作的乐趣，积极参与合作，都离不开父母方法的指导，关心引领孩子全面发展。家长能够准确读懂孩子的年龄特点和成长需求，积极为孩子创造宽松的成长环境，言传身教，充分凸显父母对孩子成长的重要作用。

案例"忽视关注　迷失方向"中的小雷拥有很强的自我表达的意愿，期望和同伴友好相处，但是他总是以自我为中心，没有明确的规则意识，不知道和同伴之间应该怎样相处。由于家长缺少方法的引导，不能满足孩子主动健康发展的需要，孩子无法获得同伴的认可，建立自己良好的人际关系。

实操建议

1. 注重孩子合作意识的培养

（1）树立榜样

日常生活中，家长在日常生活中要展现出合作的行为，比如一起做家务、合作完成一项工作等，让孩子看到合作的好处和乐趣。

（2）创造合作机会

家长可安排一些需要合作才能完成的活动，比如家庭拼图比赛、小组搭建积木等。在活动中，鼓励孩子与他人交流、分工协作。鼓励孩子参加团队运动，如足球、篮球等。在运动中，孩子需要与队友配合，为胜利而共同努力。

亲子阅读时，可以阅读以合作为主题的儿童读物，孩子可以明白助人为乐、分享、合作等社会行为，感受这些行为给自己和他人带来的快乐，从而主动参与合作。

2. 锻炼孩子的学习能力、合作能力

（1）树立正确的态度

家长应引导孩子明白在与人交往中发生冲突是正常的，冲突是生活的一部分，关键是如何去面对和解决它。家长培养孩子积极的心态，鼓励孩子以乐观、积极的态度看待冲突——把冲突看作一个成长和学习的机会，而不是一件可怕的事情。

（2）培养沟通能力

家长应引导孩子学会倾听他人的意见和想法，尊重别人的观点。当孩子与他人合作时，家长要让他认真听取同伴的建议，不要急于表达自己的看法，培养孩子的表达能力，让他们能够清晰地表达自己的想法和需求。家长可以

通过角色扮演、故事讲述等方式，提高孩子的语言表达能力。

（3）换位思考，让孩子拥有移情能力，感知他人的情绪变化

在家里可以带孩子看动画片，遇到某个场景时，引导孩子说一说当时别人的感受。家长也要言传身教，生活中遇到事情的时候不要忽视孩子的感受。家长带着孩子出门的时候，看到一些社交场合或者场景，比如有人在争吵、争论的时候，可以和孩子聊一聊，让他说一说双方此时的感受，心里的想法，试着想一想是否有其他更好的解决方法。拥有移情能力的孩子，能够更容易发现他人遇到了问题或困难，需要帮助、安慰等支持。当孩子能够较好地理解他人的情感及需要时，他们才可能主动做出助人、分享等行为。

（4）设计同伴合作规则，让孩子参与规则设定

家长可以让孩子邀请同学到家里做客，做一些大家能一起做的游戏活动，活动之前要求孩子和同伴一起商量游戏规则，主动表述完自己的观点后，一定要耐心听取别人的想法，不可一意孤行只按照自己的想法来玩游戏。家长可以多创造与同学交往合作的机会，开展活动前，让孩子试着和同伴一起设定一个目标，安排一个活动，还可以和同伴约定一起参加一个兴趣班。当合作交流出现不同意见时，孩子可以先说出自己的意见，给同伴选择权。大家意见不一致时，家长可以提醒孩子用少数服从多数的方法，或者轮流实施大家的想法。

（5）培养解决冲突的能力

在合作中，家长要引导孩子学会正确处理冲突，培养他们的沟通和协商能力。当孩子发生冲突时，家长不要急于评判是非对错，而是要让他自己表达感受和想法，帮助他分析问题，找到解决冲突的方法。

（6）真诚对待同伴

孩子做错以后，要学会真诚地向对方道歉，很多时候一句真诚的道歉就可以拉近与同伴的距离。当别人发表比自己好的观点和想法时，不要苦恼自己不如别人，试着发自内心地、真诚地赞美，这本身就是一种美好的品德。

3. 积极反馈、评价，强化孩子的合作精神

（1）强化合作意识

当孩子在合作中表现出色时，家长要及时给予表扬和奖励，让他感受到

合作的成就感。如果孩子在合作中出现问题，家长不要批评指责，而是要引导他分析问题，找出解决办法，让他从失败中吸取教训，提高合作能力。家长平时可多让孩子参加一些团队游戏，如搭建高塔、气球接力赛、寻宝游戏等。

家长应注重观察孩子在合作中的表现，了解他们的优势和不足，给予个性化的指导和支持。例如，性格内向的孩子，应勇于表达自己的想法；动手能力强的孩子，可以参与一些需要实际操作的合作任务。

（2）尊重个体差异

每个孩子都有自己的性格特点、兴趣爱好和能力水平。家长要尊重这些差异，不要强行要求孩子按照统一的模式进行合作，允许不同的想法出现，关键在于如何正确表达自己的想法。

（3）避免过度干预

在孩子合作的过程中，家长要给予他们足够的空间和时间，让他们自己去探索、尝试和解决问题。家长不要急于插手，否则会让孩子产生依赖心理，影响他们合作能力的发展。家长可以在旁边观察，当孩子遇到困难无法解决时，再给予适当的提示和引导。

（4）注重过程而非结果

家长不要只关注孩子合作的结果是否成功，更要注重他们在合作过程中的表现和成长。即使合作没有达到预期的目标，孩子也可以从中学到很多经验和教训。家长应鼓励孩子在合作中勇敢尝试、不怕失败。当孩子在合作中遇到挫折时，家长要给予他们鼓励和支持，从"不敢"到"敢"，从"不会"到"会"，从"不好"到"好"，和孩子一起期待"下一次"。

未来的创造会更趋向于集体性、系统性的合作型创造，而具有合作意识和能力的孩子需要从小培养。让我们在活动中引导孩子感悟，在实践中明理，融入、热爱集体，悦纳同伴，学会沟通，快乐合作，与团队共同成长。

"能用众力，则无敌于天下矣；能用众智，则无畏于圣人矣。"人们常说精诚合作，才能互利共赢。人拥有社会性的发展要求，只有能合作、会合作的人，才能在社会生活中更加优秀。

三年级
如何引导爱抱怨的孩子

家长的困惑

孩子一回家就开启"吐槽模式"："同桌总借东西烦死了""老师偏心不叫我回答问题""衣服难看不想穿"……三年级孩子似乎看什么都不顺眼，遇事习惯埋怨他人。面对无休止的抱怨，家长既心疼又无奈：该如何帮孩子跳出爱抱怨的消极情绪泥潭呢？

关键词解读

心理学中的"吸引力法则"指出，持续抱怨会强化负面思维，形成恶性循环。孩子若将抱怨固化为应对挫折的方式，可能丧失积极解决问题的动力，甚至引发暴力倾向。因此，干预的关键在于切断抱怨的强化机制，并帮助孩子建立正向思维模式。

育儿实践案例

从"刺猬男孩"到阳光少年

有这样一位小朋友，他像一只抓狂的刺猬，特别爱抱怨。

场景一

他坐在教室后面，因为幻灯片模糊，坐在开关旁的同学没有及时关灯，同学的"无心"激怒了他，他也不顾老师是否在场，直接跑到该同学前面，一阵猛踹他的桌子，口里还喋喋不休……

场景二

在这个孩子眼中，基本没有能让他真心佩服的人，有同学获奖，他总是不屑一顾，甚至嗤之以鼻；与同学相处时，话里总带着刺。因为他平常的这些行为已经惹恼了全班同学，所以他在班上基本没有朋友，很孤单，这也导致他成绩不稳定。孩子越孤单越抱怨，失控的坏情绪无法发泄，最终导致用暴力解决问题。

场景三

考试后，他拿着试卷，泪眼婆娑、气冲冲地走进办公室，一甩试卷，说："老师，我怎么考这么差啊？为什么每次都考差啊？"老师见状递过去卫生纸。开始时，每个老师都会耐心地帮他分析试卷并给出指导方法，可过了一段时间后，发现他没有任何变化，来办公室找老师抱怨成了他习以为常的事，每次来必哭，然后是气馁与抱怨……

心理学家罗宾·科瓦斯基讲道：许多抱怨"涉及了从他人身上诱发特定的人际互动效应，例如同情或认可"。最初，在他发脾气抱怨过程中，周边的人就会妥协，默认他的某些行为，他从中得到了好处，尝到甜头后，更"肆无忌惮"。向老师抱怨，可能是想得到更多的安慰，寻找力量感。向同学发脾气，可能是吸引大家的视线，证明他的存在感。有时候，同学们都不知道哪里得罪了他，可能是一句玩笑、可能是拦住他去路的一只箱子，抑或别人穿了一双红色的鞋子都可能引爆他的坏情绪。他孤单，缺少朋友，但又渴望被承认，所以他的所作所为实际都是想引起同学与老师的注意，以证明他的存在。当同学对他的抱怨和脾气出现免疫时，他如同一只受伤的兔子惊慌失措。为了改变这位"刺猬男孩"，班主任采取了以下措施：

首先，不回应，不情绪化——不掉进他的"圈套"里，对他发脾气及抱怨，进行"有意"忽略，把全班同学的注意力从他身上转走，别把他的气话与抱怨当回事，用"冷冻法"回应他带刺的行为。

其次，定期地进行面对面的交流。既循循善诱，轻轻打开他的心灵，抚平伤害；也直接地指出其问题，"骂"醒他；抑或在他抱怨时，让他去操场跑一圈或在空地上大叫，转移消极情绪。不要只为了解决问题才和他聊天，经常和他，或一群孩子聊天，带他参与班级活动，充当润滑剂，缓和他和同学的关系。

再次，不拒绝他找自己谈心的机会。善于倾听他内心的想法，不打断。因为有时倾听比指导更重要。同时为其推荐好书《不抱怨的世界》，送去一碗心灵鸡汤。

最后，不厌其烦地指导他的学习，尤其是对于自己所教科目，单独给他批改作业，并给出学习方法的指导。考试进步后，在课堂上大力表扬他，让其他同学对他的认识改观，满足他的成就感。请他做些事情，突出他在班上的职责，出其不意地表扬，适时地让他在班上"出出风头"满足他的幸福感。在帮助他寻找了力量感和影响力后，他的脾气温和阳光了很多，也能常见绽放在他脸上的笑容。

班长的"荣耀与压力"

鑫鑫三年级了，通过竞选终于当上了自己心心念念的班长。这可把鑫鑫给高兴坏了，回家就得意地把这个消息告诉了妈妈，骄傲得不得了。可是，好景不长，一个周过去了，鑫鑫发现当班长远不止想象中的那么简单，不仅要顾自己的学业，还要安排班集体的琐事。

鑫鑫天天忙得焦头烂额却也舍不得卸掉这份荣誉。这天，鑫鑫累了一天放学回家后便迫不及待地找妈妈吐槽道："当班长太累了，又要自己学习，还要维持纪律。"这已经不是鑫鑫第一次向妈妈抱怨了，自从当班长以来他每天回家都要先抱怨一番，妈妈之前一直无动于衷，任他抱怨，想着慢慢适应了就行了。

可这一而再再而三的妈妈便不耐烦了，说道："既然不喜欢，就和老师说不当了。"鑫鑫不满道："可是我也很喜欢当班长，他让我觉得很光荣。"妈妈回道："既然你又喜欢，那就不要再嚷嚷着说累了。"鑫鑫很沮丧说道："可是喜欢不代表不累啊。"妈妈一脸无奈地回道："真不知道你要说什么。"鑫鑫郁闷极了，也不愿意再继续跟妈妈谈下去，因为他觉得这样的谈话无趣极了。

面对鑫鑫的问题，爸爸却是这样处理的。

鑫鑫："当班长太累了，又要自己学习，还要维持纪律。"

爸爸："看你垂头丧气的样子，看来确实挺累的。"

鑫鑫："是啊，当班长让我觉得很光荣，可却也总让我觉得有压力。"

爸爸："爸爸以前上学的时候也做过班长，心情和你差不多。"

鑫鑫："那我该怎么做才好呢。"

爸爸："首先你要调整自己的心态，合理安排自己的时间，这是老师同学对你的信任，也是锻炼自己的机会，你要加油，爸爸相信你一定能处理好的。来，爸爸给你一个鼓励的抱抱。"

鑫鑫："谢谢你，爸爸！我觉得舒服多了。"

案例分析

案例"从'刺猬男孩'到阳光少年"中的男孩通过极端抱怨和暴力行为表达情绪，实质是因长期缺乏价值感与社交支持而形成的心理防御机制。心理学中的负强化理论表明，当抱怨行为因他人妥协或安慰被"奖励"，孩子会不断重复此类行为以获取关注。干预过程中，老师通过"冷冻法"切断其抱怨的强化链，同时以单独辅导、赋予班级职责等方式重建其价值感，并通过公开表扬引导同学改变对其认知。这一过程揭示了抱怨行为背后的心理需求——孩子并非刻意对抗，而是渴望被接纳与认可。家长需从"堵情绪"转向"疏需求"，帮助孩子通过能力提升与社交融入实现自我认同，而非简单压制情绪。

案例"班长的'荣耀与压力'"中的鑫鑫因班长职责与自身能力不匹配而产生焦虑，妈妈的否定式回应（"不想当就别当"）加剧了其挫败感，而爸爸的共情式沟通则成为化解抱怨的关键。通过倾听、共情、赋能与支持四步，爸爸既接纳了孩子的情绪，又引导其将压力转化为解决问题的动力。这一对比凸显了人本主义理论中"无条件积极关注"的重要性——当孩子感受到被理解而非评判时，抱怨会自然转化为行动力。这个案例启示家长：面对角色压力，需避免"一刀切式建议"，而应成为"情绪容器"与"策略参谋"，帮助孩子拆分任务、制订计划，逐步从"抱怨者"蜕变为"问题解决者"。

实操建议

1. 解码抱怨："倾听-共情-提问-引导"四步法

当孩子抱怨时，家长可采用"倾听-共情-提问-引导"四步法，避免陷入情绪对抗。

倾听：允许孩子完整表达不满（如"妈妈，同桌总借我东西！"），过程中不打断、不评价；

共情：用"这件事让你很烦吧？"等语言接纳情绪，而非急于说教；

提问：引导孩子思考抱怨背后的原因（如："你觉得同桌为什么总找你借东西？"）；

引导：共同制订解决方案（如："准备一个备用文具盒专门借他，怎么样？"）。

2. 工具辅助：抱怨转化表

设计简易表格（见表11-1），帮助孩子将抱怨转化为具体行动。家长可陪同填写并讨论。

表11-1　抱怨转化

事件	我的抱怨	可能的原因	我能做的改变
同桌总借东西	"他好烦！"	他可能忘带文具	准备备用文具借他
老师不抽问我	"老师偏心！"	举手方式不够明显	课后主动请教问题

操作提示：每周固定时间（如周日晚上）回顾表格，总结进步；若孩子完成"改变"项，给予非物质奖励（如多玩15分钟、家庭积分等）。

3. 家庭实践：阳光能量圈

通过家庭活动塑造积极思维习惯，具体方法包括：

感恩三件事：每天晚餐时，全家轮流分享当天值得感谢的小事（如"同桌今天送我一块橡皮"）。

角色扮演游戏：家长与孩子互换身份，模拟抱怨场景（如孩子扮演"抱怨的妈妈"），在趣味中培养换位思考能力。

正能量日记：准备专属笔记本，记录孩子主动解决问题的案例（如"今天自己整理了书包，没抱怨"），定期回顾增强自信。

抱怨是孩子成长的"信号灯"，而非缺陷标签。请一定记住，当我们用智慧接住这些情绪，便能点亮他们心中的理性之光，照亮他们的成长之路！

四年级
如何让孩子学会感恩

家长的困惑

每一对父母都希望自己的孩子幸福快乐，所以总想把最好的一切给孩子。然而，让家长失望的是：很多孩子把父母给予的一切视为理所当然，并且还总想得到更多。他们心安理得地享受父母所提供的一切，不仅不体谅父母为此付出的努力和辛劳，反而在自己的要求没有被满足时对父母出言不逊，甚至做出各种过激行为。

究其孩子这样表现的原因，是他们从小不懂得感恩。因此，让孩子学会感恩是很有必要的。懂得感恩的孩子，思想更积极、意志更坚定、态度更乐观。那么，如何让孩子学会感恩呢？

关键词解读

什么是**感恩**？从字面意思来理解：观察"感"字，上面的"咸"代表味道、滋味，与下面的"心"合起来表示用心品尝到的滋味；"恩"是心之因，意思是我们感知到的一切是由心作为原因产生的，都是心的作用。因此，顾名思义，感恩就是那一刻你的身体感受到了万物都是心的滋味。感恩，必须用"心"去感受，感受爱与关怀，感受困难与挫折，感恩生活给予的一切。

让孩子学会感恩，其实就是用心对孩子进行爱的教育，让他感受爱、懂得爱、学会爱。孩子若常怀感恩之心，不仅能培养他与人为善、乐于助人的美德，而且能够促进孩子健康人格的形成，对其成人后走向社会，建立和谐的人际关系具有重要的作用。

育儿实践案例

一顿未做成功的早餐

悠悠从小就是"人见人爱"的孩子，从不抢别人的东西，乐于分享，因此在爸爸妈妈眼里，她一直是个有礼貌、懂感恩的乖女儿。

上小学后，她也总是积极主动地帮助身边有需要帮助的同学，当小老师教其他同学读英语，有同学受欺负后她会第一时间找老师帮忙……老师和同学们都很喜欢她。只是上小学后时间不够用了，早上八点就要求到校，她家又住得离学校较远，要坐半个小时的公交车，如果遇上堵车，在路上耗费的时间就要更久，有好几次她因为快迟到都急哭了。家人很心疼她，总想帮她做点什么，尤其是奶奶，总会尽量什么都给她准备好，每天她起床的时候，牙膏已经挤好了，早餐桌上鸡蛋的壳已经剥好了，饭菜已经凉到或加热到刚好合适的温度……寒来暑往，几年来几乎天天如此。但问题也慢慢出现了，有时候她会抱怨为什么餐桌上连续三天都是煎鸡蛋，稀饭里面为什么要加她不喜欢的红枣，为什么每天都要喝牛奶……有时候她还会大声地跟奶奶说话，然后气鼓鼓地背着书包离开家。

看着她气呼呼的身影，爸爸妈妈都陷入了沉思：那个懂感恩的乖女儿去哪里了？为什么奶奶每天六点多就开始起床给她煮早饭而她没有一点感恩之心？

在一个她和爸爸来接妈妈下晚班回家的路上，妈妈有意跟她抱怨："好累哦，今晚上这么晚才下班，明早还得上班，好想辞职啊！"悠悠接过话："我也好累啊，明早又要早起，好不想上学哦。上学就不说了，早上你们还要逼我吃鸡蛋、喝牛奶，牛奶喝得我想吐。"妈妈立即反思：自己也有不喜欢吃的食物，自己的食物偏好也并没有影响身体健康。自己或许太严格按照各种育儿书籍和营养师的建议来养孩子了。

为解决悠悠的问题，家人决定开始改变：

一是尊重她的喜好和安排。悠悠其实没有什么不健康的饮食习惯，她从不沉迷于各种小零食和垃圾食品，她不爱喝牛奶，但她爱喝酸奶，她不爱吃面包，但她爱吃馒头，桌上摆放着她爱吃的食物，她吃早饭的速度也加快了，不再磨蹭了。

二是培养她的生活自主能力，不过多为孩子操心。悠悠一直是生活自主能力很好的孩子，她从不睡懒觉，有很强的时间观念，从未上学迟到，她其实能自己完成很多事，不用家人过多操心，有些她会做的，家人替她做了，她只会觉得是理所当然的，不会有感恩之心，只有她做起来觉得困难的、想要寻求家人帮助的，家人帮助她，她才会心存感恩。

三是亲身体验，换位思考，体会奶奶的不容易。在一个奶奶不在家、爸爸也出差和妈妈也需要第二天一早上班的周六晚上，妈妈跟她求助："悠悠啊，明早奶奶不在家，妈妈又不会做早饭，七点又要出门上班，明早咱们可能没有早饭吃了。"她听完暖心地抱了抱妈妈："妈妈，你忘了我会煮鸡蛋和热馒头了吗，明早保证让你吃上早饭！"妈妈说："那你要定六点起床的闹钟哦，对了，天气冷了，你和妹妹的牛奶要热一下哦。"第二天早上妈妈还没起床，就被砸门声叫醒了，她哭着跑过来："妈妈，我晚醒了10分钟，鸡蛋打碎了，我……我手也烫伤了……"妈妈抱着她说："女儿，现在你明白了一顿看似普通的早餐背后的不容易了吧？你看平常奶奶早上在你起床前要炒菜、热牛奶，甚至把牙膏都给你挤好，你是不是应该要懂得感恩，珍惜奶奶的劳动成果呢？"她满眼泪花地点了点头。她靠在妈妈的肩头说最近天气冷了，下午她想给奶奶去买顶帽子。瞧，那个暖心、懂感恩的悠悠又回来了。

及时用行动表达感恩

然然性格安静、慢热，好处是她专注度较高，遇到事情也不会大呼小叫，会想办法理智解决，做事情有条不紊，有坚忍和不怕困难的品质。但这种性格也有坏处，就是她不太善于表达感情。比如，她非常喜欢幽默的数学唐老师，可是在路上遇到唐老师，她都害羞到远远地躲在柱子后面。再比如，经常有同学帮助她，借东西给她，伤心时安慰她，她会跟家人经常说起这些暖心的时刻，可是一见到同学，她连谢谢都很难说出口，爸爸妈妈觉得这样下去就很容易给同学和老师们留下她内向、不懂得感恩的印象。

爸爸妈妈还发现，然然虽然不善表达，但她是个责任心强、情感细腻、体贴、乐于助人的孩子。因此，他们决定在生活细节处鼓励她大胆表达自己的感情，及时帮助有需要的人，也在获得帮助后及时表达感恩之心。教师节到了，她想送老师一个礼物，表达她对老师的感恩之情，又害怕被老师拒绝，爸爸妈妈就鼓励她用自己擅长的方式表达。于是，她结合每个老师的特点，给每位老师画了一幅画，还自己题上了字，细心地装裱了相框。她认真地准备礼物，小心翼翼地送给老师，老师对她的夸奖和谢意让她高兴了好久。

感恩老师的同时也要感恩同学。一次，然然回家讲她的同桌小姚同学，小姚同学手抄报忘了按要求装裱，急得不得了，妈妈鼓励她说小姚同学平常帮助她很多，她也可以帮助小姚呀，于是她将小姚同学的手抄报带回家仔细装裱，让小姚同学按时完成了作业。她在对小姚同学表达感恩的同时，也收获了小姚同学对她的感恩。

她还和妈妈分享了一件小事。在语文课上，她的后桌小迪同学上课吐了，味道很难闻，其他同学都捂着鼻子，她自己主动站起来去拿拖把把小迪同学的呕吐物拖干净了。妈妈听完很感动，问她："你拖地的时候不觉得味道难闻吗？"她说："是挺难闻的，但小迪同学上次还给我借过画笔呢，我也应该要帮助他啊！而且我不去拖了的话，大家要闻更长的时间……"那一刻，妈妈觉得感恩的种子已经在她心里生根、发芽了。

后来，有越来越多的同学喜欢跟她相处，老师也信任她，将更多的小任务交给她。她自己在准备班主任助理的竞选演讲稿里写道："班主任助理不仅是一个名号，更是一份责任。我从这个集体获得了很多同学对我的支持和爱，获得了很多老师对我的教导和陪伴。我也希望能为班级尽一份力，将我们的班级建设得更好。"她写下这段话的那一刻，一定想到了很多同学对她的帮助，想到了老师对她的关爱。感恩的力量，已经让她成长为一个有责任、有担当的老师的小帮手了。

案例分析

在案例"一顿未做成功的早餐"中，为了让悠悠有时间多睡会，有更多时间学习，奶奶将悠悠的生活照顾得无微不至，但悠悠却不懂感恩，有时候甚至还会顶撞奶奶。悠悠父母在反思之后，给了悠悠更多的尊重，让她自己的事情自己做，也教她学会体谅奶奶的不容易，最后，悠悠在一顿未成功的早餐中体会到了奶奶的不容易，决定给奶奶买顶帽子，又变成了懂得感恩的悠悠。

在案例"及时用行动表达感恩"中，然然从小性格慢热，不善表达。爸爸妈妈鼓励她用自己擅长的方式表达感恩，鼓励孩子大方地表达自己的情感，主动关心他人，关心集体。这样，然然就从一个慢热、不善表达的孩子成长为一个拥有感恩之心的孩子了。

这两个案例就告诉我们：家长是孩子的第一任老师，孩子感恩教育的培养，离不开家长于生活细微处的科学引导。我们要把孩子当作独立的个体对待，尊重他们，不要把他们当宠物，事事代办，更不要一味去做感动自己的事。只有适时的提供孩子需要的帮助，才能让孩子有感恩之心，同时要教会孩子换位思考，尊重他人的劳动成果。

实操建议

教育家洛克说："没有感恩就没有真正的美德。"如果说培养孩子优秀的品格是一粒粒珍珠，那么感恩就是一条串起这些珍珠的丝线，而这根线掌握在所有父母的手中。作为父母，如何让孩子学会感恩呢？

1. 营造环境，让孩子懂得感恩

（1）以身作则

对于孩子而言，最有效的感恩教育，就是父母以身作则。因为身教重于言教。所谓耳濡目染，教化自然。还记得那幅熟悉的广告画面吗？孩子看到妈妈给父母洗脚，自己就自然地端水来给妈妈洗脚，这就是爱与感恩的传递。

平日里，父母要从自身做起，从身边的小事做起。比如，父母要孝敬长辈，节假日回家看望自己的父母要多做些力所能及的事儿；爱惜别人的劳动成果不乱扔垃圾；外出乘坐公交车时主动给老弱病残让座；对他人的帮助表示感激之情，若遇到需要帮助的人也要主动伸出援手等。生活中的这些小细节，孩子看在眼里，自然会效仿，感恩的心从此萌芽、生长开来。

（2）尊重孩子

没有尊重就没有感恩。父母要尊重孩子，才能影响孩子学会尊重自己和他人。父母对孩子的尊重应该贯穿于整个日常生活之中，形成一种自然而然的习惯。比如，当孩子帮你做了事，要对孩子说声谢谢；遇到事情，我们可以和孩子商量怎么做而不是直接命令孩子去做；父母之间也要互相尊重，也应该经常说"谢谢""对不起""不客气""你请"等。父母之间的尊重，会在潜移默化中使孩子成为一个懂得自尊和尊重他人的人。

但是，尊重孩子不等于无限制地满足孩子的需求。当孩子有需求时，父母不能全部给予满足，而是要有节制。当孩子提出不合理的需求时，父母要果断拒绝。教育心理学专家李玫瑾说："孩子 3 岁时，不满足他的要求，最多就是满地打滚；等到 15 岁时，他可能会自残、自杀，和你争吵；但当他 20 岁时，可能会怨恨你，甚至攻击你。"只有合理地满足孩子的需求，才能让孩子知道，父母满足他不是理所当然。只有这样，孩子才能懂得感恩父母。

（3）角色互换

爱孩子是每一位父母的本能，为此，父母都愿倾尽所有，不求回报。然而，不少孩子却把父母无微不至的爱当作天经地义，孩子以自我为中心，不知道体谅，更不懂得感恩。比如，当妈妈把饭菜端上桌时，孩子数落不合自己的口味；当妈妈生病躺在床上时，孩子抱怨不带自己出去玩；当妈妈辛勤操持家务时，孩子在一旁自顾自地玩游戏……父母付出了爱却得不到反馈，孩子不懂得感恩无疑是父母心中最深的痛。

这时父母应该怎么办？父母要懂得角色互换，冷静处理。一方面，站在孩子的角度来想，孩子不懂感恩，与父母的溺爱是息息相关的。因为过度的爱，只会换来受之无愧的冷漠。孩子在家庭中享受特殊待遇，被宠成"小公主""小皇帝"，习惯了高人一等的姿态，自然不会有换位思考的感恩之心，长久下去，只会变得自私自利。另一方面，父母也要引导孩子体会自己的辛劳，要舍得让孩子吃苦。只有当孩子懂得吃苦，才能体会到父母养育子女的不易，长大了才会懂得感恩父母。

2. 创造契机，让孩子体验感恩

（1）在日常生活中学会付出

习惯了享受的孩子，很难懂得去爱身边的人，也很难懂得感恩。因为他在成长的过程中，只学会了享受，没有学会付出。因此，父母爱孩子最好的方式，就是让孩子在日常生活中学会付出，让他学会爱他身边的人，感恩身边的人。

①让孩子平时多动手做些力所能及的家务劳动。参与家务劳动，既可以让孩子体会到父母日常的辛劳，感激父母的付出，还可以通过劳动得到父母的感谢和回应。这种付出和爱的互动，正是感恩的体现。

②父母可以带孩子到孤儿院或敬老院参观、劳动，可以鼓励、组织孩子与贫困地区的孩子结对交友等，让孩子在一次次付出的过程中体会过去不懂得、不在意因而也不会珍惜的东西，改变孩子的冷漠，从而激发其慈悲心、惜福心、感恩心。

（2）在特殊日子里送份爱心

每年有很多富有感恩意义的节日，家长可以利用这个机会教孩子体验感恩。例如，教师节时，孩子亲手制作贺卡送给老师，表达对老师的美好祝愿；父亲节和母亲节时，孩子给爸爸妈妈说几句感谢的话语，表达生活中感觉很幸福的一点一滴；父母的生日以及身边重要他人的生日，都要让孩子带去她的生日祝福……父母一定要引导孩子用适宜的方式，把心中的爱表达出来。这也是孩子对他人表达感恩的一种方式。

3. 培养责任心，让孩子学会感恩

（1）适度放手，自己的事情自己做

每个人都是独立的，没有谁对谁的付出是天经地义的，学会自立才能明白感恩的可贵。因此，无论是生活还是学习，当遇到孩子可以独立完成的事情时，家长就不要过多地干涉，要让孩子独立完成。因为这样不仅可以培养和锻炼孩子的独立意识和自理能力，也能让孩子从中体会到父母的艰辛，对父母为自己的付出心存感恩之情并从中学会关爱家人，从而培养他们对家庭的责任心。

（2）鼓励参与，在集体活动中乐于奉献

感恩是在人与人之间互动中产生的美好情愫，集体活动可以促进这种情感的产生。因此，父母要鼓励孩子多参加学校和社会中的集体活动，在活动中学会关心集体，乐于奉献，积极回应他人的帮助，从而培养孩子对他人、对集体的责任心，进而在孩子心目中才有对集体、社会、国家的责任。只有

当孩子懂得关心别人，懂得奉献，有了强烈的责任心时，他才能真正学会感恩。

孟子曰：爱人者，人恒爱之；敬人者，人恒敬之。其实，生活处处充满了爱，感恩教育也无处不在。一杯热水、一条毛巾、一个会心的微笑、一个凝望的眼神、一句关爱的话语、一种温暖的触摸，无不是学习感恩的载体。家长朋友们，在这个文化多元、个性张扬、充满竞争的时代，从小教孩子懂得感恩，未来才会拥有丰盈的人生和幸福的生活。

五年级
如何让孩子悦纳自己

家长的困惑

孩子为何不听话了，好的建议听不进去了？为何孩子要么半天没反应，要么半分钟后就开始喋喋不休？为何有时明明做得不对，还不能说，不能批评，动不动就发脾气，或者把自己关到房间里？

进入五年级后，家长觉得孩子好像变了一个人，曾经的"乖娃娃"变成了"怪娃娃"。曾经的母慈子孝，成过眼云烟。家长突然觉得孩子不受管教了，情绪反应敏感而强烈，只喜欢听好听的，一听到批评指正的话语就开始"炸毛"，特别不能接受别人对自己不完美的地方做出的任何评价。

关键词解读

五年级学生生理发育和心理发展之"变"是迅猛成长、自我觉醒。孩子的自我意识开始发展，对成人的依赖性减少，对学校教师和家里父母的教育内容逐渐有自己的见解，进行选择性接受，同时随着自我评价意识逐步增强，师生关系、母女关系等人际关系发生转折，同时对社会现象开始关注，有独特见解。更加在乎他人的评价，情绪容易受外界影响，特别是对自己不完美的地方，特别不接纳，特别敏感。因此，对这个年龄段的孩子而言，如何让她（他）积极发现自己的优点，悦纳自己的缺点，悦纳自己的不完美是促使孩子成长的关键。

悦纳自己，是一种修养，也是一种难能可贵的品质。积极地悦纳自我，有助于增强自尊心、发展积极情绪和提高自我期望。一个悦纳自己的人，并不意味着她（他）的一切都是完美的，而是说她（他）在接受自己优点的同时，也了解自己的缺点，很坦然地接受自己的不完美。不断克服缺点，注意自我内在形象塑造，把握自己做人的准则，不断完善自己，更加自信地面对生活，走向成功。

育儿实践案例

萌萌"悦"牙记

萌萌从小开朗自信，性格直率真诚，是典型的女汉子形象，随时都能听到她大声爽朗的笑声。她成绩也不错，一直是老师的得力助手。

可是上了五年级后不久，发生了一件很特别的事，萌萌和同学打架了，老师告知原委是，有同学嘲笑她牙齿难看，她受不了，动手了。由于萌萌换牙，旧牙齿还没掉，新牙齿就长出来了，新牙齿的排兵布阵就不是很整齐，并且有颗牙齿里面还藏了一颗牙，就有两颗牙齿长在一堆。当然外人不仔细看是看不到的，只有萌萌张开嘴巴大笑的时候才看得到。虽然牙齿不好看，但并不影响吃饭和说话。医生也说，除了不美观，没多大影响，如果拔掉会影响其他牙的生长。萌萌妈妈本打算六年级毕业后带她去做矫正。可是现在萌萌总听到人家议论："看看，谁谁的牙齿洁白无瑕，看看，谁谁的牙齿难看，还畸形。"于是萌萌就接受不了，觉得是奇耻大辱。

从那之后，萌萌话变少了，也不敢开怀大笑了，还要求萌萌妈妈尽快带她去纠正牙齿。她看到别人不怀好意地笑，老觉得是在说她的不完美的牙齿，要是遇到其他不好的事，就借机发火，情绪爆发。有时大家一起玩耍，讲到好笑或者开心的事情时都在开怀大笑，她突然就打住，捂住嘴，不笑了，说一点都不好笑。

萌萌妈妈觉得这件事情很严重，牙齿问题好解决，可是心态怎么转变？

怎样去正确对待别人的评价？怎样对待自己的不完美？怎样激发她本人去探索和找到解决办法？于是萌萌妈妈就和萌萌爸爸商量暂时不着急去找医生，给萌萌说明已预约了医生，可能要等一个月后，暂缓满足她用最直截了当的方式来解脱这种烦恼的需求，然后再慢慢开导……

有一天，萌萌妈妈看见萌萌心情很不错，眼看机会来了，就问她："萌萌，今儿咋这么开心呢？与妈妈分享下。"

她说："今天我帮助的同学，这次数学考试进步了好几名，老师表扬了她和我，还给我发了奖金，还有我的作文，被罗老师当范文在全班朗读了，说我想法新颖，构思独特，未来可期。"

"哇哦！妈妈为你取得成功感到非常开心，为你的付出得到两位老师的肯定感到高兴！"

萌萌妈妈觉得机会来了，就继续问她，今天老师有因你牙齿不整齐、不好看而否定了你的付出吗，今天同学们是不是都为你取得成绩鼓掌了？她极笃定地说，肯定呀，大家都鼓掌了，都羡慕我呢，我在讲台上领奖笑得可开心啦！也没管牙齿好不好看，说完哈哈大笑起来了。萌萌妈妈拥她入怀，激动万分，萌萌终于突破了，坦然接纳了自己不完美的牙齿。

萌萌妈妈问萌萌，她释怀是否是因为发现了自己身上的其他优势，以及这些能量带来的成功与快乐，不再愿把精力放在牙齿的事儿上，觉得费神还不开心。她若有所思地想了想说："好像也是哦，我牙齿爱咋样就咋样，我还是我啊，大不了我假期弄弄，我想弄就弄，不想弄就不弄，谁管得着吗？她不喜欢，我不一定需要她喜欢。"哇，萌萌一下子就把萌萌妈妈要说的话给说出来了。

萌萌妈妈觉得这件事对萌萌触动特别大，为了加强她现在那种成功愉悦的感受，强化她现在正面积极的意识，接着对萌萌说："当你放下它，你的其他的能力，就会被放大，就会把更多的时间、更好的心情和状态投入你感兴趣的其他事情上，今后你还能收获更多的你想要的成功。"萌萌满脸憧憬，笑着说："我曾经差点为了一颗牙，放弃了一片大森林，怄了那么多气，真心不划算。"

勇敢自信的小林

小林同学是新转来的五年级的插班生，她皮肤黝黑，个儿不高，其貌不扬是班上同学对她的第一印象。无论本班同学还是外班的很多同学都喜欢叫她"小黑"，都觉得她太黑了。老师和家长都担心她无法适应新环境，难以应对周围不好听的声音。

一个月后，我们发现担忧有点过了，大家叫她"小黑"，她也应了，她说她本来就黑，皮肤父母给的，改变不了，她说："黑色，健康色！"她还说："矮，不怕，那都是浓缩的精华啊！"自己对自己不完美有很清楚的认识，同时还能以一种很诙谐的方式化解。

一学期快结束了，再问她时，她班主任说小林同学现在是学校的风云人物，既不是因为不黑了，也不是因为长高了些。那是因为什么呢？因为她很特别，好酷，好牛！她非常喜欢跳舞，并且街舞跳得非常好，学校庆祝活动中她上台五分钟，掌声欢呼声久久不绝于耳，收获了一大批粉丝。她还是体育健将，在学校运动会上，她参加了短跑，就像离弦的箭一样快；她跳绳也完美，跳得快，零失误，为班级拿下了好几个第一呢！她的班主任像捡了宝贝似的，滔滔不绝地说，小林同学定的下一个目标是争取期末考试能进班级前五！

虽然大家都叫她"小黑"，但我仿佛听到他们都在说："好牛！好酷！"崇拜羡慕之情显露无遗！

一个熠熠生辉的"小黑"同学在我们面前展现得淋漓尽致，我们为小林同学点赞，为他能欣然接受自己的不完美，没逃避，没退缩，勇敢展现自我特长而鼓掌，同时也有明确的奋斗目标。我们希望她期末考试能如愿取得她想要的结果。

案例分析

案例"萌萌'悦'牙记"中萌萌开始的表现就是典型的不能接纳自己形象的不完美，不能接纳牙齿的不完美——自卑、暴躁、打架，从而觉得自己不是自己，迷失方向，在意同学的评价，不开心、不快乐。后来无意中发现自己还是原来的样子，还是有很多优点，还是很可爱，在父母、老师的帮助下找回自我，重获自信、阳光。案例"勇敢自信的小林"中的小林同学悦纳自己，热爱自己，不逃避发生在自己身上的事情，勇敢欣然接受自己的缺点和不足，充分利用自己的特长，成为独一无二的自己，自信快乐地生活与学习。

勇敢地展现自我，悦纳自我，悦纳自己的不完美，这是一种修养，也是一种难能可贵的品质，同时也是一个人心理健康与否的重要指标之一。10～11岁的孩子，自我意识蓬勃发展，所以家长在这个关键时期需要和孩子一起树立悦纳自我的优秀品质，有效缓解发展中的矛盾冲突，使个体得到健康发展，将来他们才会更坦然且自信地面对更广阔的天地。

实操建议

1. 引导孩子全面、准确地认识自我

认识自我是积极悦纳自我的第一步，我们应在日常积极引导孩子通过自我反省、他人评价等方法全面准确地认识自我。

我们要引导孩子经常对自己进行反省、检查，客观冷静地评价自己。我们可以引导孩子思考"我做了什么""我为什么这么做""这么做是否正确"等问题，对自己有更加深入的了解。

我们要引导孩子重视身边老师、同伴对其的态度或给予其的评价，从他人的视角积极发掘其过去未曾注意到的特点，从而全面真实地了解自己。

2. 引导孩子进行积极的自我评价

（1）强化优点，充分肯定自己的努力和付出

对自己消极评价，否定自己，会让孩子自信心缺失、自我期望降低，甚至产生焦虑、抑郁等消极情绪。我们要尊重自己，热爱自己，每天想一次或大声说出自己的优点和长处，并尽量发扬这些优点和长处去做一件事，把精力花在强化自己的优点上。我们不夸大不完美，但是我们可以夸夸其他的美。

（2）积极正向客观对待别人的评价

有时候我们的自卑感和不满来自旁人不经意的不客观的评价。学会积极客观地看待别人的评价，明白各有各的标准，天底下没有完全相同的两片树

叶，我们都是独一无二的。我们就是因为不完美，所以努力。同时须深刻记住，我们个体不会因为"犯了一个错误"或者有几处做得不好、不完美，就变得毫无价值，跌倒了爬起来才是值得提倡的。同时我们要正确区分自己的行为，做到对事不对人，勇敢地接纳不完美的自己，从而改正问题行为，得到真正的成长。

（3）当发现自己的不完美怎么办

首先理解并接纳自己的情绪，与自己和解。当孩子觉察到自己的不完美之处时，要勇于接受它，允许它存在，如果感到自卑或有负面情绪，不妨通过散步、跑步、打球或大声歌唱等活动，让自己沉浸在身体感觉中，这样就能更好地与自己和解，体验到身心的平静和愉悦。

孩子也可以与他人分享不美好。与他人分享不美好，往往可以带来释放压力的感觉。孩子会发现其实很多人都和他们有类似的经历，而且他们也曾经或正在经历着类似的情况。所以与家人、朋友和同学建立良好的沟通和交流关系，能够让自己感到被关注和理解，这对于心理健康至关重要。

我们还可以提升潜力，进一步探索"未知我"，扬长避短。央视主持人白岩松曾说，一个优秀的人总是能给自己提出一个新的目标，通过学习、阅读、旅游等方式丰富自己的兴趣爱好，让自己的生活更有意义和趣味性，同时也可以挑战自己，学习新技能或尝试新事物，可以让我们更好地认识自己的潜力和价值，提高自信心和自尊心。

3. 家长创建良好的家庭氛围和家庭关系

我们家长需要定期与孩子老师进行积极的沟通，及时了解孩子的在校表现，及时发现孩子在学校和在家中的不同表现，进而家长更加全面了解孩子。

和谐家庭氛围对孩子的自我悦纳有特别意义。家长在日常生活中多陪伴孩子，积极关注孩子的校园生活，并善于对孩子的行为和变化进行积极正面的鼓励和正向的积极评价，从而使孩子充分感受到家庭的温馨和家长对自己的认可，进而更好地悦纳自我。家庭和睦，亲子关系和谐，孩子内心感受到家庭的温暖，促使更好地悦纳自己。

家长也要参加学习，通过学习了解孩子现有的某些特征与变化是由青春期身心突变引起的，这样家长才能理解孩子，学生难免存在一些不足，接纳孩子，相信孩子能慢慢变好。

让孩子悦纳不完美的自己，需要我们父母和孩子在生活中、学习中多加揣摩和实践，逐渐融入日常生活之中。当孩子快乐地接受了不完美的自己，不否认或逃避它们，并学会与之和平相处，就可以更好地欣赏自己的整体，悦纳自己的全部，同时他们整个心胸便会舒展和开阔，同时他们也会更加容易接受他人了。我们相信父母和孩子们都可以逐渐悦纳自己的不完美，树立悦纳自我的优良品质，从而建立更加积极的自我形象和自我认知，让个人得到发展，让家庭氛围更和谐、美好。

六年级
如何培养孩子的领导力

家长的困惑

孩子到了高段，做事情总是缺乏主见，没有自己的想法，很容易随波逐流，受到同学或者他人的影响。特别是在团体活动中，常常与团队成员发生矛盾，孩子胆子小不知道怎样融入活动，总是一个人默默地跟随着队员行动。

随波逐流的孩子得不到同学和朋友的认同，自我认同感也逐渐下降，长此以往容易被团体边缘化。这是什么原因呢？这主要是孩子从小缺乏领导力的培养。

关键词解读

领导力是指为了有效地实现目标，灵活地运用各种方法，把各种力量合理地组织和有效协调起来的能力，包括沟通协调的能力、善于用人的能力、解决问题的能力、承受压力的能力、制订和把控计划的能力等。

领导力并非仅是领导者的专利，每个人都有可能成为领导者。我们要从小培养孩子的领导意识，让他们明白，领导力不仅仅是管理别人，更重要的是锻炼自己看待问题、思考问题、解决问题的能力。

培养宏观思维，大局看待问题：领导力意味着我们总能从宏观和大局出发分析问题，在保持自己目标不变的情况下，找到更合适的方法解决问题。

培养整体思维，全面应对世界：领导力意味着我们可以更容易地跳出单一的层面，用一种整体的、均衡的思路应对更加复杂、多变的世界。

培养双赢思维，高效解决问题：领导力意味着我们可以在关心自我需求的同时，也会重视与他人的关系，平等坦诚地沟通，高效解决问题。

日常生活中，家长需要激发孩子自身的内驱力，给孩子创造自我决策、自我做选择、自己对自己负责的机会。培养孩子的领导者潜质，可以帮助他成为一个更加优秀的人。

育儿实践案例

耐心陪伴 激发潜能

小李不负众望，向着父母期望的那样，向着优秀学生不断发展。课堂上，认真倾听老师的讲课，积极思考、回答问题，认真、求知的眼神总是能够得到老师的回应。小李平时作业完成得又快又好，表扬他的声音总是在课堂上回荡，鲜红的奖状一张接一张送到他的手上。不论是班级的岗位竞选，还是学校大队委竞选，总能看到他积极参与的身影。经过一次又一次的锻炼，小李不仅学业优异，而且各方面能力都得到了很好的锻炼。从小组长、大组长到班长，最后一路晋升到了大队委，小李成了家长的骄傲，他自己也是干劲十足，在努力完成学业的同时，也成为了老师的得力助手。

其实，刚刚进入小学的小李，是个调皮、贪玩的孩子，完成学习也需要父母的督促。一年级竞选班级小岗位时，小李积极主动报名，但是因为他的调皮，没能得到老师的认可，他也有些受挫。他耷拉着脑袋回到家，妈妈敏锐地发现了孩子的情绪低落，耐心开导他，帮助他分析自己落选的原因。第二天，他又活蹦乱跳地出现在大家面前。他还大方地跟同学们说："我要努力做个好孩子，不能再贪玩啦。"同学们听到后也不太在意，依然拉着他四处玩耍。刚开始，他还是很想去玩，但是想到之前竞选失败，就暗自提醒自己不能再贪玩了。终于，小李又迎来了小岗位竞选。这一次，他没有特别冲动地先去老师那里报名，而是回家和妈妈商量。虽然他内心很期望竞选上小岗位，但是由于上一次的落选，心里难免还是有所顾虑。妈妈带着他在家分析参加竞选的目的，梳理优缺点，制订小目标。接下来的一段时间，大家总能看到小李紧跟小组长身后，悄悄地观察着。这一次，小李通过自己的努力终于竞选成功了，获得了老师和同学们的认可。

小李的成功不是偶然，既有他自己的努力，也有家长的耐心和坚定的支持。一次又一次的成功，树立了他的自信心，也激发了他的内驱力。

疏忽陪伴 胆小怯弱

小林是小李的同班同学，他的性格和小李完全相反，遇到事情总是胆怯退缩。课堂上不敢举手发言，害怕回答错误遭到老师的批评，以及同学们的嘲笑。老师见到此景也是多次开导小林，课堂上积极回答问题，就算回答错误，老师也不会批评他，但是他总是无法跨越内心的鸿沟，不敢举起自己的手，以至于学习成绩非常不理想。对此，老师和家长积极沟通，但总是收效甚微。

原来，小林的父母平时工作非常忙，基本上都是爷爷奶奶照顾小林。爷爷奶奶对小林的生活起居悉心照料，从不让他做任何家务，总是期望他能够把精力多放在学习上。因为工作忙，小林和父母每天只会有一些短暂的相处。大多数时候他们都是在辅导作业中度过，小林做错练习，家长会大声指责他，认为很简单的内容他都会做错，一定是没有认真学习。家长有时工作任务重，还会因为工作的不愉快，把不好的情绪带回家。小林默默承受着，也不敢和父母沟通，总是一个人悄悄地在一旁玩耍、学习。偶尔想要做一做家务，也会被爷爷奶奶以各种理由推脱掉，久而久之他也不愿意再主动做任何事情了。

学校里，他也不愿积极参与小组活动，就算参与了，也是等着组长安排。做事情的时候也是小心翼翼，总担心自己得不到同学们的认可，有时他还会悄悄带来小礼物去讨好同学们。受到同学的欺负，他也不敢和老师、家长讲，怕受到同学的打击报复。老师跟他聊，他说怕同学们不喜欢自己，不跟自己玩，没有好朋友。老师将学校的情况和家长沟通，家长也总是借口工作忙，或者说孩子慢慢长大了，很多事情可以自己试着解决，很少主动、耐心询问孩子的想法，站在他的位置上帮他分析。

案例分析

案例"耐心陪伴 激发潜能"中的小李之所以能够得到老师和同学的认可，获得锻炼机会，最终成长为一个优秀的孩子，是因为有父母耐心的陪伴，妈妈细致地分析、梳理，找准努力的方向，获得一次又一次的成功，既增强了自信心，也锻炼了各方面的能力。

案例"疏忽陪伴 胆小怯弱"中小林的家长因为工作忙，没有及时关注孩子的状态，没有运用正确的方法引导孩子。这不仅影响了孩子的学习，还使得孩子的自信心受挫，社会交往能力变弱，其他各方面能力的锻炼更是无从谈起。

当今社会，领导力已成为一个人在职场和生活中取得成功的关键要素。对小学生来说，培养领导力不仅有助于他们更好地适应社会，还能为他们未来的发展奠定坚实基础。

实操建议

1. 父母要给孩子树立好的榜样

家庭教育是每个人的启蒙教育，为我们一生的成长奠定基础。家长应当为孩子创造一个健康、科学、快乐的成长空间。夫妻之间的相互尊重，长幼之间的关爱和互敬，家庭成员之间的和睦相处，会直接影响到孩子的身心发展。家长不能把工作中的烦恼和不愉快带回家中，带给孩子。生活是琐碎的，总有这样那样的不如意，家长即使在家里吵架也不要摔打东西更不能打人，要学会控制情绪。

孩子的好奇心强，自制力差，他们时常受周围环境的影响。在家里，家长应尽量控制玩手机的时间，在休息的时候带上孩子一起外出，无论是户外郊游还是在图书馆阅读都可以，不要让手机占用孩子太多时间。只要形成了习惯，让孩子的时间被其他更有意义的事情占满，就不会再想着手机带来的诱惑。做一个积极引导的家长，经常带着孩子去探索，去参加活动，做孩子的坚实后盾，让他勇于探索，勇于展现自己。

2. 引导孩子做一个善于表达和善于倾听的人

在家中与孩子沟通交流时，家长一定要专注地听，并且有表情上的互动。

父母的专注和欣赏，对孩子而言，就是最大的肯定。当父母忙的时候，一定要明确告诉孩子什么时候再来沟通，这样可以保持孩子敢于表达的热情。当孩子没有专注倾听时，应该给予善意提醒；孩子认真倾听时，及时给予鼓励、赞赏。

说是基础，表达的关键是思维。当孩子向家长求助，问一些事情应该如何处理时，家长应带着孩子先分析问题，问问他可以怎样解决，再提出合理的建议和意见，最后让孩子自己去完成解决措施，不管做得好与不好，家长都要及时跟进结果。让孩子对自己做事情有信心，先放手让孩子大胆地去做，如果出现问题家长再帮忙分析、总结、想办法。在生活中多鼓励孩子去表达，带孩子做一些逻辑思维的训练，如辩论赛、演讲、下棋比赛等。

3. 锻炼孩子有解决问题的能力

培养孩子的独立性，当孩子遇到困难时，不要急于给孩子答案，而是要引导孩子自主寻找答案，知识可以传递，但是解决问题的能力却需要磨炼。放手让孩子去做事情，他才能不断成长起来。孩子小的时候形成了依赖的习惯，什么事情都是问家长，从现在开始慢慢改正，让他自己选择。无论选择是否符合家长的心意，以及是否可能走弯路，只要不是原则性的问题，家长都应尊重孩子的选择。

4. 多用文字和孩子沟通交流

在与孩子的沟通中，有时候用文字比用语言更方便有效。因为文字和语言相比，语言比较羞涩，有时难以启齿，文字比较含蓄委婉，更有利于我们和孩子之间进行亲密无间的沟通；与暴风骤雨式的训斥相比，用文字，不仅顾及了孩子的自尊心、容易被孩子接受，也让她能够真实地触摸到父母对她的关注和爱心，从而更有利于父母走进孩子的心扉。

5. 培养孩子学会承担责任

在家里给孩子适当地分配家务，鼓励孩子在学校里面担任班干部，在生活实践中让责任心萌芽。做家务是每个家庭成员的责任和义务。家长共同分担家务，当然也不要落下孩子。平时孩子上学、回家写作业没有什么空余时间，家长就可以规定周六、周日是孩子做家务的时间。把时间安排好了，有规律可循，就不用想起什么就让孩子去做什么。给孩子安排家务，如果不形成习惯，往往会让孩子学会为做家务的事情而讨价还价。

6. 引导孩子善于团队合作

鼓励孩子参加团队活动、参加体育竞技赛等，让孩子明白规则，善用规则，通过一次次的比赛竞争，明白团队合作的重要性。

7. 正确地给孩子立规矩

家庭生活中，大大小小的事情都应让孩子参与。家长和孩子共同审视、设立规矩，让孩子明白设立规矩的目的，参与规矩的制定和执行。这样锻炼了孩子独立的判断力和批判性的思维。

8. 培养孩子的自信心

营造积极向上的教育环境是打下自信基础的一个重要环节。对孩子的学习和生活环境进行优化会激发孩子的主动性与热情，而这些都是增强自信心所必需的。我们要用心聆听孩子的心声，即使是表面上可能不起眼的细节，也不要忽视。孩子应该学会自我认同，学会倾听和尊重自己的内心感受，而非盲目追求别人的赞许和认可，避免成为一个讨好型的人。当孩子成功时，家长应该给予肯定和鼓励，当孩子失败时，家长也应该用正确的态度引导孩子重视自己的经验，充分体验失败所带来的机会和可能性，从而让孩子建立健康的人生态度。

培养孩子的领导力就在生活的细节中，培养孩子的领导力更是一项长期而艰巨的任务，需要以家庭为主的各方面共同努力，为孩子创造一个充满活力、激发潜能的成长环境，帮助他们成为具备领导力的优秀人才。

孩子的成长旅途恰似荆棘与鲜花交织的旷野，而我们所聚焦的五大核心能力——乐学善学的热情、合作共情的智慧、感恩包容的胸怀、悦纳自我的勇气、领袖担当的格局，正是照亮前路的璀璨星辰。当家校社三位一体的教育合力化作温暖的春风，每颗种子都能在属于自己的时区里破土而出，舒展生命的张力。

让我们以爱为舟，以智慧为桨，在尊重差异的海洋上扬帆起航。当每个孩子都能在滋养心灵的环境中自由呼吸，那些被精心培育的能力便会化作隐形的翅膀，托举他们飞向星辰大海。在那里，生命的独特光芒将永远闪耀，照亮属于他们的时代长空。

第十二章

热爱阅读，深度思考

书香浸润心灵，阅读点亮童心。阅读是改变一个孩子最便捷、最有效的方式。家长朋友们，你们是否明晰小学六年应该如何帮助孩子养成一生的好习惯——阅读？低段重在培养孩子的阅读习惯、激发阅读兴趣；中段重在帮助孩子提高阅读力、深度阅读；高段则侧重于把阅读和实践结合起来，让孩子在阅读中学习，在阅读实践中成长。

一年级
如何培养孩子的阅读习惯

家长的困惑

孩子拼读有困难，不喜欢阅读，不爱主动阅读怎么办？良好的阅读习惯包括哪些？如何帮助孩子养成良好的阅读习惯？

关键词解读

语言关键期：埃里克·勒纳伯格（Eric Lenneberg）在 1967 年的著作《语

言的生物学基础》中，提出了"语言关键期假设"，认为人类大脑在语言学习上存在一个生物学上的关键时期，即儿童在 13 岁之前拥有最强的语言学习能力，而后逐渐减弱。关键期内应该让孩子通过看、听、读的方式向大脑输入海量的语言材料，让这些复杂的材料转换成孩子的一套语言系统，从而习得语言。阅读是获得语言材料的一种高效途径。

阅读习惯：个体在长期阅读实践中形成的稳定的行为模式和心理倾向，能够主动选择阅读材料并从中获取知识、提升素养。

育儿实践案例

手机戒断之路

浩浩和森森两兄妹正抱着手机在沙发上躺着刷小视频。哥哥浩浩读幼儿园中班，妹妹森森读幼儿园小班。听婆婆说，两个孩子都喜欢睡觉前刷小视频，甚至抱着手机睡觉。孩子的手机瘾怎么这么大？

兄妹俩的父母经营着一家小厂，每天很晚才回家。平日里，两个小孩儿都是婆婆爷爷在带。老两口既要做农活，又要做家务，还要带孩子，忙得不可开交。为了安抚兄妹俩的情绪，老人常把手机交给孩子玩，一玩就是一整天。亲朋好友去家里跟两个孩子聊天，两个孩子多数时间都是充耳不闻，只盯着手机看。好不容易聊上了，却发现两个小孩满口网络用语，还不乏一些粗俗的词汇和低俗的舞蹈动作，把人惊得目瞪口呆。婆婆爷爷除了强制性地没收手机，打发他们去院子里玩儿，也没有别的办法。但这样做迎来了妹妹无休止的哭闹和哥哥的"发狂"，谁拿他们都没有办法。

为了戒掉"手机瘾"，父母买回了许多有趣的玩具，试图转移兄妹俩的注意力。一开始效果确实好，但他们已经习惯了短视频和游戏带来的源源不断的强刺激，再好玩的玩具在他们面前，一两天就会失去魅力。

后来，兄妹俩上小学了，学习习惯都不好，注意力和倾听习惯都存在很大的问题。一年级的妹妹识字量还没有大班的小孩多。哥哥呢，一说到作业就满地打滚，完全静不下心来思考。

父母这才意识到自己犯了多大的错误。趁厂里经营还算顺利，母亲决定将重心放回家庭，给予孩子充足的陪伴。她听从老师建议，给两个孩子买了很多适龄童书。刚开始，兄妹俩总是看几分钟就玩别的去了。但在妈妈的"威逼利诱"下，不管是 5 分钟还是 10 分钟，好歹每天坚持了下来。偶尔还会参加一些阅读活动，感受阅读的力量。

渐渐地，妹妹认识的字越来越多，课堂上也更自信了；哥哥则喜欢看情节精彩的故事，也喜欢讲故事给妹妹听。随着阅读量的增加，家里的书竟然还不够看了，妈妈就去图书馆帮他们借书看。

阅读让兄妹俩的生活充实起来。他们学《怪兽商业街》的红毛怪做生意，周末一起去公园摆摊卖小玩具挣零花钱；在"弗洛格的成长故事"系列中学习与他人交往；在《杰德爷爷的理发店》里懂得了要为目标永不放弃……妹妹有了自己的爱好，开始学习舞蹈；哥哥喜欢用画笔将自己神奇的想象跃然纸上。兄妹俩的变化让妈妈感到欣慰，爸爸也很自责自己的缺失，现在也会抽空带兄妹俩去体育中心运动锻炼。

就这样，兄妹俩已经忙得没时间玩手机了。

小冯的图书室

小冯是一个让老师印象深刻的学生，圆圆的脑袋，滴溜溜转的眼睛，对人大方、有礼貌。可是慢慢地，老师发现他和其他孩子有点不一样。

小冯听课的时候喜欢动来动去，铅笔、橡皮、纸屑碎……任何事物都能成为他的玩具。语文书写尤其令人头疼，笔顺颠来倒去，多一笔、少一笔更是家常便饭，写出来的字硕大无比，写字对他来说简直是一种折磨。不过，英语和数学这类不需要写太多字的学科他却学得轻松。

此外，他与同学之间的交往问题亦令家长及教师颇感忧虑。小冯非常较真，在他的认知里总是非此即彼，从不会冷静地处理同学之间的小摩擦，容易急躁。本以为是性格使然，但二年级时，他被确诊为轻度多动症和识字障碍。低段的孩子正处于建立良好学习习惯的关键期，识字对小学语文学习实在是太重要了。怎么办呢？

这要说到小冯的父母了。每天放学接孩子的时候，小冯妈妈的身影总会出现在人群中。她喜欢抓住这样的琐碎时间跟老师分享小冯的近况：最近看了哪些书，学了哪方面的知识，懂得了哪些交往技巧，在改正哪一项不好的习惯……这件看起来不怎么起眼的事一坚持就到了毕业那天。

毕业那年的儿童节，同学们在交换礼物。小冯给班上的每个孩子准备了一本巴掌大小的笔记本，扉页是他和妈妈一起设计的一段图书室简介。他给大家介绍道："我在家里准备了一些图书，从现在开始，每个周末向同学开放，你们带着这本借阅本就可以来我家看书和借书。欢迎大家来我家图书室一起阅读！"

此后，班里的孩子开始相约去小冯家看书，这个图书室到底有什么魅力呢？进门穿过小冯家的饭厅，就是客厅了。灯光和阳光照亮着客厅的每一个角落，班里的几个女生正在一张大桌子上安静地翻着书。小冯的图书室原来就是他们家的客厅啊！客厅里没有电视，没有沙发，三面墙全是两米高的大书柜，客厅的中间是一张简洁的大方桌，周围摆了一圈长凳，足够容纳十几个孩子。小冯妈妈热情地给到访的朋友介绍着书墙："这是小冯幼儿园读的英文绘本……这是小冯最喜欢的航天飞船系列……最近他对历史故事很感兴趣，正在读……"书柜上有的专业书籍完全超过了这个年龄段孩子的学识和阅历，小冯的阅读水平竟然已经这么高了！

围着那张平平无奇的大书桌，小冯和爸爸妈妈一起阅读，一起学习，一起练习书法，一起做手工，一起交谈……小冯真富有，有如此多的财富藏在图书室！小冯真幸福，有如此舍得陪伴自己的爸爸妈妈！

刚进初中，小冯就参加了学校的科创大赛，他自制的机器人获得了学校科技创新奖。小冯自豪地捧着奖杯，陪在两边的是他的爸爸和妈妈。真好！

案例分析

浩浩与森森两兄妹原本深陷"手机瘾"，生活与学习习惯都受到严重影响。父母意识到问题的严重性后，通过引入阅读，逐步引导孩子远离手机。通过持续的亲子共读，不仅丰富了孩子的知识面，更培养了他们的专注力与想象力。阅读成为连接家庭情感的纽带，也让兄妹俩找到了新的兴趣点，从而有效替代了对手机的依赖。良好的阅读习惯能显著提升孩子的自我管理能力，促进全面发展，是纠正不良生活习惯的有效途径。

小冯是有轻度多动症和识字障碍学生，却在自然科学等领域表现出色。这得益于其家庭创造的浓厚阅读氛围：客厅变图书室，藏书丰富，父母陪伴阅读，细致引导。阅读不仅拓宽了小冯的知识面，还改善了他的社交能力，培养了耐心与专注。初中时，他在科创大赛上获奖，展示了阅读对创新思维与实践能力的推动作用。小冯的案例证明，阅读对有特殊需求的学生成长至关重要，它不仅是学习方式，更是生活态度，帮助学生克服困难，让他们能展现独特的才华，找到属于自己的舞台。

实操建议

1. 培养阅读的仪式感

（1）固定阅读时间

习惯是一种相对稳定、自动化的行为模式或思维方式，习惯要通过重复性的行为或思考逐渐形成。建议家长为孩子规定固定的阅读时间，例如早餐之后大声朗读的时间，放学之后自主阅读的时间，睡觉之前亲子阅读的时间，以帮助孩子形成规律的阅读习惯，将阅读视为日常生活的一部分。

（2）阅读记录与分享

俗话说坚持成习惯，家长可以采用阅读打卡的方式记录孩子阅读的日期、内容、时长、方式等，配合精神上和物质上的奖励，持续不断地鼓励孩子阅读，帮助孩子养成每天阅读的好习惯。阅读后和家人或朋友分享阅读体验，也是增强阅读成就感和乐趣的好方法，为孩子阅读习惯的养成提供积极的外驱力。

2. 选择适合的阅读材料

一年级的孩子识字量少，阅读绘本、短小的故事和儿童诗等童书能帮助孩子理解文本，积累语言，激发想象力和创造力。

外观上，低年级孩子应选择图画精美、文字精练的纸质大字书籍，既保护视力，又能帮助理解故事内容。

内容上，应首选能促进孩子自我认知，帮助形成自我统一性的故事，以帮助孩子心智成长。好的童书应具备这些功能：能够满足孩子爱与安全的需要，能够成为孩子成长路上的榜样，能够帮助孩子理解和认识自我，能够帮助孩子学会交往，能够激发孩子的美好想象让其拥有梦想。

3. 注重阅读方法的引导

书中同样的文字，孩子和大人一起用不同的方式去演绎，对孩子阅读习惯的养成有着积极的作用，具体可以这样尝试：

（1）读一读

一年级孩子的阅读是亲子共读和自主阅读交叉进行的：听大人示范读，小声跟读；和大人一起读，自主朗读。对文字越熟悉，孩子读得越自信，朗读声音越洪亮。在这个过程中，大人对孩子语音、语调、语气、停顿等朗读技巧的引导很有示范意义，能帮助孩子掌握内容，扩大词汇量。

（2）演一演

低段童书中故事人物和情节贴近儿童的生活，孩子阅读时常把自己代入书中人物的身份和所处的环境中，他们会产生一种同理心，因此可以尝试分角色朗读。

分角色朗读时，让孩子选择喜欢的角色，大人引导孩子用心观察图画，尝试揣摩和理解人物的内心世界。在读的过程中，大人还可以提醒孩子跟随角色的经历加上一些神态、动作来丰富角色，让其更逼真。相比于单调的文字阅读，演绎法使阅读变得更加生动有趣，让孩子在轻松愉快的氛围中爱上阅读。这种感受与理解，是不能通过他人的讲解和分析来获得的。

（3）说一说

家长还可以关注书中出现的有趣的韵脚和重复的句式，这给孩子提供了很好的语言模仿素材。

绘本《晚安，猫头鹰》中的猫头鹰想睡觉了，周围的动物却不时发出有趣的声音，"嗡嗡嗡""喀哧""笃笃笃""唧唧啾啾""哗噗"……孩子很愿意学习模仿这些叫声。猫头鹰面对这些噪声，从头到尾只有一句相同的描写："猫头鹰好想睡觉啊！"孩子却能把每一遍都读得不一样，一遍比一遍不耐烦，把猫头鹰忍无可忍的滑稽样子读得活灵活现。读完绘本后，大人还可以引导孩子说一说："还有哪些东西会发出声音影响猫头鹰睡觉？"这时，孩子脑袋里的拟声词马上就集合起来，开始将故事没完没了地创编下去。

（4）画一画、写一写

一年级孩子正处于绘画黄金期，他们想象力丰富，在感知色彩和形状方面有独特的想法。在读和说的基础上，家长可以鼓励孩子把阅读感受用绘画和书写的形式创作出来。

《三十六个字》以象形文为基础创作出了一个个简单又有趣的形象，描述了一个简单的故事。孩子在读绘本的时候，会不断对照图画和所代表的文字，想象这些文字是如何动起来的。读完后，家长可以引导孩子用学过的汉字创造自己的专属"象形字"，并把它们绘成一幅故事画，再配上简单文字，就成了一幅有趣的作品。

不论孩子的创作是否精美绝伦，若能将其每一次的作品都悉心收集起来，孩子定会从中获得极大的满足感和自豪感。孩子在阅读中逐渐提升的理解能力、想象力、表达能力以及创作能力，是最宝贵的财富。

4. 阅读与生活相结合

当阅读与生活相结合时，孩子能够更直观地理解书中的内容。

（1）生活观察启蒙

在阅读了关于自然、科学、文化或历史等方面的书籍后，家长可以引导孩子观察现实生活中的相关现象或事物。例如：阅读关于植物的绘本后，家长带孩子去公园观察花草树木；阅读关于动物的书籍后，家长带孩子去动物园或农场实地体验；在节日或特殊日子选择与节日相关的书籍，家长帮助孩子了解传统文化习俗。这种联系实际的阅读方式能让孩子感受到阅读的实际意义，从而激发他们持续阅读的兴趣。

（2）生活场景识字

在日常生活中，父母要引导孩子关注身边的文字，如路牌、菜单、商品标签等，将阅读与实际生活联系起来。家里可以设置一面"阅读展板"，剪贴孩子喜欢的词语和句子，展示创作的童诗，让孩子感受到阅读的成就感。

（3）情感共鸣教育

家长可以选择一些关于情感教育的绘本，帮助孩子理解情绪，并结合生活中的实际情境与孩子讨论，孩子在阅读时就容易产生共鸣和代入感。这种身临其境的阅读体验能够让孩子更加深入地理解书中的情节和角色，从而提升他们的阅读体验，是孩子持续阅读的重要动力。

低段孩子的阅读离不开父母的陪伴。父母是孩子阅读的引导者、兴趣的点燃者和情感的支持者，能有效帮助孩子克服阅读初期的困难，建立对书籍的亲近感和信任感。正是这些点点滴滴的陪伴与耐心引导，成为推动孩子阅读习惯养成和阅读能力提升的强大而持久的动力。

二年级
如何激发孩子的阅读兴趣

家长的困惑

二年级学生普遍倾向于观看电视节目，家长对此深感忧虑，并迫切希望找到合适的方法来激发孩子的阅读热情。若孩子缺乏足够的阅读兴趣，将难以开启一段愉快的自主阅读旅程，这对他们的学习和成长无疑会构成重大障碍。

关键词解读

阅读兴趣是指孩子对阅读活动的积极态度和喜好程度。二年级是培养阅读兴趣的关键时期，浓厚的阅读兴趣能帮助孩子扩大知识面、拓宽视野，提升想象力、创造力和语言表达能力。

自主阅读是在有阅读兴趣的基础上，孩子能够主动进行阅读，而不是依赖家长督促。这需要孩子具备一定的阅读能力和习惯，也需要合适的阅读环境和引导。

《义务教育语文课程标准（2022年版）》在课程理念中关于二年级学生的阅读有这样的表达：喜欢阅读，感受阅读的乐趣；朗读能读好重音，默读试着不指读；初步学会积累与理解词语；掌握看图说文的方法；能一边读句子一边想画面；能借助提示复述故事。

《给教师的建议》第33章"把每个学生引向兴趣的发源地"中，强调读书应该成为最重要的兴趣发源地，这样无论我们身处何地，哪怕在最偏远的地区，只要有充足的书籍，也不会担心看书会使学生分心而影响学习知识。

育儿实践案例

以书为伴，不负童年

午后，暖融融的阳光轻柔地洒进房间，给屋内的一切都镀上了一层金边。窗边小书桌前，墨墨捧着绘本，沉浸其中。她的表情随情节起伏，一会儿嘴角上扬，一会儿眉头轻皱，显然被书中奇妙世界深深吸引。看到这一幕，墨墨妈妈满心欣慰，她知道，阅读的种子已在女儿心田种下、生根发芽。

刚上一年级，在班主任精心策划的多维阅读活动引领下，墨墨识字量飞速增长，如今已能轻松读懂大部分绘本。为保护孩子阅读兴趣，老师鼓励家长坚持亲子阅读，做好阅读记录。这个年纪的孩子，童趣是关键，绘本便是开启阅读大门的钥匙。《我爸爸》《我妈妈》让墨墨懂得爱与被爱，学会表达情感；《蚯蚓的日记》则培养了她乐观的心态与多元视角。

墨墨妈妈明白阅读内容多元的重要性，挑选了人文历史和科普书籍。《这就是二十四节气》最受墨墨喜爱，每到节气，书中的美食和习俗都让她好奇。春分，她和妈妈挑鸡蛋来做竖蛋，穿汉服赏春；冬至，妈妈讲饺子来历，母女绘制"九九消寒图"，墨墨还把节气知识分享给家人，对传统文化的热爱愈发浓厚。

历史对小朋友来说比较抽象，但"揭秘故宫"系列为墨墨打开了新世界的大门。精美的插图和丰富细节，让她看到故宫的兴衰变迁。从庄重的早朝，到四季的宫廷趣事，一个个知识在她心中留下印记。书中皇子艰苦的学习生活，让她意识到自己学习条件的优越。此后，母女一起探索《你好呀！故宫》等书，墨墨记住了太和殿的屋脊神兽，盼望着去故宫给小伙伴讲述它们的故事。

升入二年级，墨墨识字量猛增，能轻松阅读整本书。妈妈准备了带拼音的儿童文学和经典童话。《格林童话》等构筑起梦幻的童话王国，阅读时，温馨的情节唤起妈妈的童年回忆，她借此引导墨墨，真正的公主应具备善良和坚强的品质。

中华传统童话也没被落下，《神笔马良》里马良的善良、《阿凡提的故事》中阿凡提的机智，都让墨墨着迷，六一的童话剧演出更让这些故事深深地刻在她心里。

在老师和妈妈的陪伴下，墨墨阅读红色经典，《闪闪的红星》等作品里小英雄的故事，让她懂得珍惜当下，热爱祖国。

多维阅读照亮了墨墨的成长之路，不仅积累知识，更滋养心灵。墨墨妈妈坚信，阅读会成为女儿一生的财富，引领她坚定前行。

被"赶鸭子上架"的小读者

在一个宁静的午后，阳光透过窗户洒在客厅的沙发上，8岁的小萱正全神贯注地拼着她的乐高积木，五颜六色的积木在她手中逐渐变成一座梦幻城堡。这时，小萱的妈妈走了过来，手里拿着一本厚厚的儿童读物，脸上带着期待的笑容，说道："小萱，别玩积木啦，来读会儿书，读书可有用啦。"小萱抬起头，眼中满是不情愿，但在妈妈的坚持下，还是放下了手中的积木，拿起了书。

妈妈一直坚信阅读对孩子的成长至关重要，她觉得多读书能让小萱变得更聪明，学习成绩也能更好。于是，她给小萱买了许多自认为适合她这个年龄段的书籍，从童话故事到科普读物，摆满了小萱房间的书架。可小萱对这些书却兴致不高，每次被妈妈要求读书时，都像是在完成一项艰巨的任务。

为了让小萱爱上阅读，妈妈采取了一系列她自认为有效的策略。她规定小萱每天必须阅读半小时，还会在一旁监督，一旦发现小萱走神，就会立刻提醒。要是小萱读得认真，她就会奖励一颗糖果；要是没达到要求，就会减少小萱玩游戏的时间。一开始，小萱还会勉强配合，但渐渐地，她对阅读的抵触情绪越来越严重。

有一次，小萱正看到书中一个有趣的情节，忍不住笑出了声。妈妈却误以为小萱在开小差，严厉地批评道："看书就好好看，笑什么笑，认真点！"小萱委屈地低下了头，原本的阅读兴趣瞬间消失得无影无踪。从那以后，只要一提到读书，小萱就会皱起眉头，甚至找各种借口逃避。

妈妈把阅读变成了一种强制性的任务，用物质奖励和惩罚来驱动小萱，却没有真正激发她对阅读的热爱。在小萱眼里，阅读不再是一件有趣的事，而是妈妈用来约束她的工具。就这样，一个原本对世界充满好奇的孩子，在错误的引导下，与阅读渐行渐远。

案例分析

在数字时代，如何培养孩子对阅读的兴趣成了许多家长和教育者共同关注的问题。而培养二年级学生阅读兴趣更是一项重要的任务，这个年龄段的孩子正处在学会阅读的关键时刻。案例中的墨墨进入二年级后已经完全不需要家长给她读书了，无论什么书，她总是读得津津有味。案例二中的小萱却因为妈妈不懂如何激发孩子的阅读兴趣，导致孩子厌恶阅读，着实令人惋惜。孩子只有在快乐的学习氛围中，在多样的阅读方法的指引下，他们才能真正对阅读感兴趣，并掌握这项重要的技能。

实操建议

对于小学二年级孩子的家长而言，培养孩子的阅读兴趣是一项至关重要的任务。那么，究竟该如何做，才能让孩子真正爱上阅读呢？

投其所好，是关键的第一步。二年级孩子好奇心旺盛，兴趣点各不相同。有的孩子痴迷于宇宙的浩瀚，对太空探索类书籍情有独钟；有的则对动物世界充满好奇，动物科普绘本更能吸引他们。家长要用心观察孩子日常的兴趣表现，比如孩子总问星星月亮的问题，那就可以挑选《给孩子的太空指南》等同类书籍，当书中内容与孩子兴趣契合，阅读的大门便容易开启。

亲子阅读，是陪伴孩子走进阅读世界的温暖桥梁。家长可以每天抽出固定时间，和孩子依偎在一起阅读。在共读《小王子》时，家长可以用不同的声音模仿角色对话，读到有趣的情节，和孩子一起欢笑讨论，分享彼此的感受。这样的互动不仅能让孩子感受到阅读的乐趣，还能增进亲子关系，让阅读成为温馨的家庭时光。

创设阅读环境，也能在潜移默化中影响孩子。在家中打造一个专属阅读角，摆放柔软的坐垫、可爱的书架，把孩子喜欢的书整齐陈列其中。当孩子身处这样充满书香和温馨的角落，自然而然就会被吸引。同时，减少家中电子产品的使用频率，让孩子远离干扰，沉浸在阅读的静谧氛围里。

鼓励孩子分享阅读收获，能进一步激发他们的阅读动力。当孩子读完一本有趣的故事书，家长可以耐心倾听孩子讲述书中内容，适时给予肯定和赞扬，比如"宝贝，你讲得太精彩了，妈妈都被吸引了"。家长还可以鼓励孩子把故事讲给爷爷奶奶、小伙伴听，让孩子体验到分享阅读的成就感。

与学校合作，也是提升孩子阅读兴趣的有效途径。家长要积极响应学校的阅读活动，和老师保持沟通，了解孩子在学校的阅读情况。学校举办阅读分享会，家长可以协助孩子准备分享内容，让孩子在学校的阅读氛围中不断成长。

培养小学二年级孩子的阅读兴趣并非一蹴而就，需要家长用心观察、耐心陪伴、精心引导。只要我们找准方法，就能帮助孩子打开阅读的大门，让他们在书的海洋中快乐遨游，收获知识与成长。

三年级
如何提升孩子的阅读力

家长的困惑

孩子一、二年级识字很少，还挺爱看课外书的，到了三年级，随着识字量的增加，反倒不喜欢看了，只喜欢看书里面的图片和搞笑的文字。怎样才能让孩子爱上阅读、提升阅读能力，从阅读中获得成长呢？

关键词解读

阅读力一词由我国作家聂震宁在《阅读力》一书中首次提出，他指出"阅读力的培养实际是对人们思维能力的培养"。后来阅读力被分为阅读的能力、阅读的动力和阅读的毅力三个方面，并进一步解读：阅读的能力包括基础的文字阅读能力、快速阅读的能力和高效精确的阅读。

用阅读推开孩子的世界之门

（一）读书要杂

坤坤从小就喜欢看书，各种类型来者不拒。百科知识类、情绪管理类、生活哲理类……他都爱不释手。可以说，他对这个世界的认知，是从读书开始的。"读书要读杂"是家长最初的想法，想让孩子通过不同的书籍去认识世界，因为每本书都代表了作者对这个世界的认知，其中饱含了他们的思想、情感和价值观。让孩子透过一本本书，从不同角度去认识这个世界，能让他懂世事、辨善恶、善思考、知进退、懂舍得。

但随着孩子年岁增长，识字量增加，孩子独立自主的人格慢慢显现了出来。在书的选择上，坤坤渐渐有了自己的偏好。他对历史、科学类书籍很感兴趣，而对文学类的书则有些"不屑"。有一次，妈妈给他买了一本基斯·格雷著的《攀登者》。这本书是通过比赛爬树的故事，讲述10多岁的孩子在心理上的成长和蜕变。但坤坤一看是小说，又是外国文学，就不愿意读。爸爸和妈妈商量之后，决定不强迫他，而是通过声情并茂的朗读来吸引他，果不其然，坤坤被书中一个个构思精巧的小故事吸引后就默默地拿起书读了起来。

（二）读书要用

通过读书，坤坤的知识量增加了不少，很多关于自然、历史和科学的问题，他比家长还懂得多。可是，他对世界的了解好像只停留在书本上，没有把书本上的知识或者感悟跟现实世界联系起来。有一次，老师布置了一个设计自己的节能房屋的小任务。妈妈便带着他到图书馆里查阅有关房屋结构、节能环保等方面的资料，最后坤坤完成了自己的设计。虽然作品比较简陋，但通过这次实践，他似乎明白了书中学习到的东西可以解决实际生活中的问题。

暑假，坤坤和妈妈去北京旅行。与以往不同，出发之前，妈妈就买了一本《讲给孩子的故宫》，让坤坤先通过阅读了解故宫的方方面面，然后再走入其中，近距离地观察和感受。这一次，他有了不同的收获：站在故宫中，想象300多年前，皇帝在这里主持朝会和生活，文武百官在这里唇枪舌剑，商议国家大事，太不可思议了。

（三）读书要问

随着书读得越来越多，坤坤的阅读速度也在不断加快。有的时候难免一目十行，囫囵吞枣。一些书中的内涵和深意是体会不到的。书看了不少，可过不了多久也就忘了。于是，妈妈就有意识地跟坤坤一起做一些阅读训练。读完冰心的《小桔灯》散文集后，妈妈提出一些问题让坤坤来思考，最后交流读后的感受。虽然这本文集是白话文，但有些地方的表达与现代文的用词还是不太一样，所以每晚坤坤都会有很多疑惑，而答疑解惑的过程也是细细品味文章精妙之处的好时机。通过共读这本书，坤坤对书中那个时代中国百姓的生活又有了不同的认识。

阅读改变了她

从森森出生，妈妈就坚持每晚给她讲睡前故事，从童话故事讲到寓言故事，再讲到神话故事。有时讲一个她就睡着了，有时讲几个，她也未必乖乖入睡，但每每看到她睡眼迷离、嘴角含着一丝满足的微笑，妈妈总是乐此不疲。

森森上小学后，窃以为，她学习会很轻松。然而，老师听写生字，她常常会错一大半。即便前一晚上才听写过的，她也会错很多。问她："怎么回事呢？不是昨晚才写过吗？"森森支支吾吾难以启齿："我想了很久，好不容易才想起两个，可老师已经念完了。"看着森森一脸茫然、不知所措。妈妈却深知其中的原因。森森的情况应该是发展性阅读障碍中的字词识别困难。是放下阅读，短期突击识字、写字，还是继续坚持亲子阅读，让她慢慢积累字词呢？选择前者，可以快速提高森森的学习效率；选择后者，她的学习成绩、学习信心在短时间内都可能会受影响。

父母之爱子，则为之计深远！妈妈在犹豫再三后选择了后者，与学习成绩相比，妈妈更愿意森森成为一个快乐的孩子。阅读是她最美好的时光，阅读也是她将来走得更远的内生力。此后，妈妈不再每晚盯着她听写，也不苛求她平时的学习成绩，直到每学期期末前夕，她已经在课内、课外跟本学期的生字词打过无数次交道了，才跟她一起重点攻克高频易错字词。

就这样，一、二年级，森森多半时间都徜徉在快乐的亲子阅读中。

到了三年级，为了能让淼淼由亲子共读顺利过渡到自主阅读。妈妈想了一个看似无心，却是有意的办法。每天早上，妈妈早早起床看书，却不告诉淼淼去干什么。突然，有一天，淼淼睁着明亮的大眼睛好奇地问："妈妈，你每天早上起那么早干什么呀？""我看书呀，昨晚的书太好看了，我早上挤时间接着看呀！""那我也可以早起看书吗？""当然可以啊！"从此，淼淼每天起得比妈妈还早，自己捧着一本书，津津有味地读着。

读书的过程不像滑冰，而更像雕刻，需要精雕细琢。于是，妈妈开始想办法提升淼淼的阅读力。

第一，巧用桥梁书。如在阅读《青蛙和蟾蜍》一类的书籍时，妈妈让她尝试丢开拼音这根拐杖，开启纯文字阅读。她遇到不会的字就用猜一猜、问一问、查一查等办法解决。

第二，玩游戏，学默读。孩子变有声朗读为默读，提高阅读速度。刚开始练习默读，淼淼虽然没读出声音，但手指依然在指读，嘴唇也在跟着动。妈妈就跟她玩阅读小游戏，先把一段文字念给她听，再让她默读，看看妈妈刚才有没有念错的地方。她总是像"寻宝"一样快速地默读，找到妈妈的"问题"。然后，妈妈又找一段文字让淼淼快速默读，再复述讲给妈妈听，当她复述正确的时候，就给她点一个大大的赞。渐渐地，淼淼学会了一边默读，一边思考。

第三，激发内动力，引导阅读理解。将复杂的阅读内容转化为有趣的思维导图、简洁的表格等，帮助淼淼初步理解阅读的内容。比如阅读法布尔的《昆虫记》时，妈妈就让淼淼用表格（见表12-1），摘抄关键词句记录下她最感兴趣的昆虫秘密。

表12-1 《昆虫记》阅读记录

实验目的	实验方法	实验结果
蝉怎样出地洞	用"放大镜"对比观察	蝉的幼虫利用尿液将浮土和成泥浆，粘在泥土缝隙中，再把黏合起来的泥土抹平，形成地道爬上来
蝎子有母爱吗	重点观察	蝎子妈妈保护蝎宝宝的姿态，展现了伟大的母爱
破解圣甲虫的梨形粪球字谜	长期观察	圣甲虫将粪球滚成梨形，是为了使幼虫的食物保持新鲜，又为了使虫卵能够透气，就将虫卵产在球形的尖端

森森通过搭建阅读支架（思维导图、示意图、表格），初步读懂书的内容，她的求知欲、好奇心得到了极大的满足，就愈发喜欢阅读了。

案例分析

在案例"用阅读推开孩子的世界之门"中，回顾陪伴孩子阅读的历程，追溯父母最初的期望：通过阅读开启孩子通向世界的大门。这扇门具有双向性，连接着现实世界与孩子的内心世界。它不仅使孩子能够深入书中的世界，还能够将所学知识带入自己的生活。随着孩子独立人格的逐步建立，他对这个世界的理解也日益深刻。成长的道路上难免会遇到困扰，生活有时也会偏离我们最初的设想。然而，只要孩子持续阅读，那些他在生活中尚未找到的答案，最终会通过书籍这一途径，呈现在他的眼前。

在案例"阅读改变了她"中，阅读弥补了孩子的"平庸"，妈妈巧妙地运用桥梁书，帮助孩子摆脱了阅读时依赖的拼音；通过小游戏引导孩子正确默读，从而提升了阅读速度，增加了阅读量；在阅读量积累的基础上，指导孩子使用表格、泡泡思维导图等工具，帮助孩子初步理解书本内容。这与三年级学生思维发展的需求相契合，即构建了思维的支架，助力孩子从形象思维向抽象逻辑思维过渡。孩子从"学会阅读"到"在阅读中学习"的转变，满足了其求知欲，享受到了阅读的乐趣，自然激发了学习的内在动力，从而更加积极主动地投入阅读之中。

实操建议

1. 鼓励孩子自主选择桥梁书

三年级学生家长可多带孩子逛书店，让孩子选择感兴趣的、没有拼音的桥梁书。阅读的类型不妨由一类书扩大到各类书。经典文学类、地理类、科普类、数学类、故事类、诗歌类、创意写作类等，都可以广泛涉猎。

2. 鼓励孩子寻找阅读伙伴

一些家长认为：孩子的智力发展与玩具的数量成正比，因此不惜花费重金为孩子购置大量玩具。然而，美国加州大学的一项实验表明，将一只、两只以及十只老鼠分别置于笼中，结果显示，两只及十只老鼠的脑部神经活动较一只老鼠更为活跃。这表明，孩子成长过程中，相较于玩具，同伴的陪伴更为重要。进入中年级阶段，同伴的影响甚至可能超越父母对孩子的影响力。因此，家长可以引导孩子从亲子共读逐步过渡至自主阅读，并进一步鼓励孩子寻找阅读伙伴，参与小组共读活动，这将显著提升孩子的阅读兴趣。

3. 帮助孩子提高阅读能力

有哪些具体的策略能提高孩子的阅读力，从而增强孩子阅读的内动力呢？我们可以尝试以下方法：

（1）两到

孩子学习默读时，做到"两到"，即"眼到"和"心到"。

（2）五问

家长与孩子进行阅读交流时，可以采用 5W+H 的提问方式，即针对书籍中的人物、事件、时间、地点、原因以及过程等方面进行提问，具体包括 who（谁）、what（什么）、when（何时）、where（何地）、why（为何）以及 how（如何）。

（3）梳理

家长引领孩子理解阅读内容时，可用思维导图梳理文章脉络、结构以及梳理文中人物、事物、景物的特点等。

（4）打卡

督促孩子坚持阅读打卡，为了帮助孩子养成每天阅读的好习惯，保证课外阅读数量、提高阅读质量，学校老师一般都会为孩子设计一周或一月阅读记录表，虽然阅读表的设计各不相同，但基本上都会设计积累这个项目。

孩子主要应该积累什么呢？主要积累记录有新鲜感的词句，因为这些词句，有利于孩子扩大视野，积累写作素材，学习创意写作。

4. 帮助有阅读障碍的孩子

阅读障碍是阻碍孩子阅读水平乃至整体学习水平提升的重要原因。发展性阅读障碍往往具有以下表现：朗读时增字、减字、重复字词、替换字词、不能清晰发音，阅读时经常不知道读到哪里、速度较慢、不太能理解文字所表达的意思等。

如何帮助有阅读障碍的孩子呢？首先，家长不要急于否定，而要及时发现，正视有阅读障碍的孩子。阅读障碍并不少见，特别是某些方面天赋异禀的人，比如爱因斯坦，他空间思维能力很强，但他三岁才会说话，后来他的私人书信及日记被公布后，人们发现他就有阅读障碍。其次，可以寻求专业机构的指导和干预，越早治疗对孩子的恢复越有利。最后，家长对于存在阅读障碍的孩子，要多欣赏孩子的长处，在阅读指导的过程中要更加耐心、细心，并与孩子多交流，及时鼓励他们的进步。

爱孩子，就让孩子享受美妙的阅读时光吧！

四年级
如何让孩子学会深度阅读

家长的困惑

到了四年级，孩子已经读了不少书，故事类、科幻类、科学类都喜欢看，但总是浮于文字的表面，缺乏深层次的思考，以至于每次试卷上的阅读理解题错误都不少。怎样才能在保护阅读兴趣的基础上，让孩子有深度地去理解文章？怎样才能让阅读帮助孩子提升写作水平？这就需要在兴趣阅读的基础上，家长带领孩子走进文本，走近作者，充分感受语言文字的魅力。

关键词解读

四年级的孩子抽象逻辑思维能力迅速提升，对阅读的理解能力也在提升中。阅读是一种理解、领悟、吸收、鉴赏、评价和探究文章的思维过程。

阅读理解是以理解阅读对象的词句篇章、写作方法、思想内容、社会价值为目的的阅读。阅读理解要求读者能够正确理解文章含义，分析段落、章节之间的联系和层次，概括文章大意和要点，评鉴作品的写作方法和语言特色。

阅读和写作是相互促进的。阅读是写作的基础，它管着"吸收"的事情，读得越多，读得越深，向大脑输入得就越多。而写作是管"发表"的事情，写作可以吐露自己的心声，发表自己的意见，这是大脑的输出。如何让孩子更加高效地阅读，更加深入地理解，从而提升阅读与写作的能力呢？

育儿实践案例

将故事聊出新高度

可可上幼儿园的时候喜欢听绘本故事，一本《猜猜我有多爱你》不知反反复复讲了多少次，当她听了无数次后，基本能把故事情节复述出来，当老师的妈妈就建议她给大人讲故事，妈妈惊讶于她能把故事里的人物、情节都讲得很完整。后来，可可觉得讲故事也表达不了自己对这本书的喜爱之情，就开始在家里表演这个故事，当然，妈妈时常要当她的表演搭档。妈妈会被她指挥着在说台词的时候，还要有动作表演，也会为她的表演认真地准备几个必要的道具或场景，还会在她童真稚气的表演结束后，大声鼓掌赞扬她表演出色。可可总是满脸兴奋，闹着要妈妈给她买更多的绘本。

上了小学一年级后，可可最喜欢的绘本是《嘟嘟和巴豆》，她自己识字量增加了，不需要妈妈给她讲了，那正好，就让她来给妈妈讲吧！原来嘟嘟和巴豆是两只小猪，住在一个名字很奇怪的被叫作"喔的咯咯喔咯的"的房子里，这个名字，可可给妈妈读了不下十次，妈妈才终于记住了。从可可的讲述中，妈妈知道了主角是好朋友，嘟嘟是一个旅行家，巴豆是厨师，园丁和画家。于是，每天晚上他们都在睡觉前，跟随着嘟嘟一起去旅行。每一本书中，嘟嘟都会到一个地方：去非洲，交了朋友；去了埃及，骑了骆驼；去了所罗门群岛，他喜欢鱼类，整天泡在水里；去了巴黎，学了一句法国话"再见"；去了西班牙，看了斗牛……直到 11 月，一天早晨，嘟嘟想，我该回去了，然后他就回家了。

而巴豆呢？喜欢宅家做自己想做的事情。做美食、画画、打扫落叶、美化院子……享受着自己独一无二的生活。虽然爱好不同，他们却有着神仙般的友谊：当嘟嘟在印度潇洒地骑着大象时，也没有忘记巴豆的生日。当巴豆听说嘟嘟要回来时，他喜出望外，打扫、烹饪、装饰，忙个不停。妈妈随口问可可：你喜欢嘟嘟的生活还是巴豆的生活？她的回答是，我喜欢去旅游，也喜欢在家里做喜欢的事情。是啊！如果这两样美好的事情都能兼顾，谁说不行呢？为什么只能选一样呢？妈妈发现孩子看待问题的视角确实跟大人不一样，而且很多好的想法只有在慢慢聊的时候，大人才能发现它。那就继续聊吧！如果你是巴豆，你最想做什么美食？做给谁吃？万一哪天嘟嘟和巴豆来到我们家，你和他们之间会发生什么故事呀？在学校里，你有像嘟嘟或者巴豆一样的朋友吗……如果不是因为第二天该上班的要早起上班，该上学的要早起上学，估计他们可以聊两只猪聊到半夜吧！哎！既然喜欢，聊一聊又何妨？一本本地读熟、读深、读透，总没有坏处吧！

到了四年级，可可班上的孩子在老师的带领下，开始读《宋词》，那就更有聊的了："寻寻觅觅，冷冷清清，凄凄惨惨戚戚。"读李清照的《声声慢》，可可年纪小，体会不了"这次第，怎一个愁字了得！"妈妈便向她讲述了北宋亡时，那年3月，李清照的丈夫赵明诚因为母亲去世，南下金陵。到了8月，李清照南下，装了15车书，前来和丈夫会合。可是明诚家十余屋的书籍，因兵变被烧个精光，对于爱书如命的李清照又遇到家破国亡，怎能不愁？过了两年，赵明诚因病去世，那时李清照才46岁。金兵入侵浙东、浙西，李清照把丈夫安葬以后，追随流亡中的朝廷由建康到浙东，饱尝颠沛流离之苦。国破家亡，丈夫去世，境况极为凄凉，难怪会写到"怎一个愁字了得！"

在聊故事中，可可也慢慢学会了去了解作者的生平简介、写作背景以及流传的经典故事，久而久之，她也能给妈妈讲一讲关于某首词的独到看法了：读到苏轼的《念奴娇·赤壁怀古》，可可说道，苏轼的一生大起大落，多次被贬，多次又东山再起，但越是失意之时，越是他写出佳作的时机。就像李白一样，觉得人生苦短，稍纵即逝，需及时行乐，喜欢三五好友借酒放歌，《将进酒》中"人生得意须尽欢，莫使金樽空对月"，这句话读起来就有一种豪情壮志蕴含其中，但又像是闷闷不乐一样。是啊！李白怀才不遇，借酒浇愁，心中的不平只有靠这杯中之物才能排遣，后人也跟着诗词为古人担忧啊！

可可在学到了把诗词读懂读透读深后，仿佛打通了任督二脉，阅读的道路一下子变得宽敞明亮起来。学习名家名篇，学习小古文，总是要先去了解作者，读读这个作者其他的文学作品，看看其他名家对他的评价。当然，这对于文本的理解有着一定的促进作用，也让她在课堂上更加自信地学习，老师讲解的难点，她接受理解也比较快。

妈妈认为，只要把阅读的道路往宽地走，喜欢在阅读的道路上自由地、自信地行走，哪怕时间用得多一些，花费的工夫多一些，也是值得的！就这样，妈妈和可可一路走，一路聊，把可可送进了自己最想去的初中、高中和大学。妈妈说，回过头看看，这一路聊着的感觉真的很好！

小存折 大用处

夕夕是一个四年级男生，一直以来对阅读有较强的抵触情绪：认为文字书枯燥、读后无成就感，语文成绩长期处于班级中下游。家长尝试为他购买新书、强制阅读等方式，但收效甚微。这可让夕夕妈妈一筹莫展，眼看到了高年级，语文阅读能力再不提升，今后上了初中，那肯定跟不上了！

一次，夕夕妈妈在网上浏览关于阅读的微信公众号时，无意中发现了一个名叫"阅读存折"的稀奇玩意儿，以前只听过钱可以存入银行以积累财富，阅读也能作为资本存入"银行"吗？再仔细阅读存折里面的内容，卡通的封面设计精美，扉页记录孩子的个人信息，很正式，就如同去银行开户存钱一样，体验感十足。存折上面还有"开户宣言"，宣誓的誓言振振有词，礼仪感满满。存折从第一页开始，就是常规的坚持记录，常规的循序渐进。"阅读书目""存入""支出""余额"一目了然，夕夕不是一个小财迷吗？如果用存折的方式来引起他的阅读兴趣，会不会有所收获呢？

夕夕妈妈把自己的想法跟语文老师进行了交流，老师对这种激励方式表示赞同，她认为阅读存折这一载体，以润物细无声的方式培养、激发孩子的阅读兴趣，不仅可以累积学生们在阅读过程中的点滴进步，更重要的是激活了学生课外阅读的引擎，会带来了一场阅读评价方式的变革。老师最后补充，如果这种方式在夕夕身上有明显的效果，将在全班推广开来。

接下来，妈妈就跟夕夕来了一场阅读的游戏之旅。首先让夕夕明白阅读存折的使用方法，要将当天阅读的书目、阅读的页码存入阅读存折，阅读的内容就是"财富值"，阅读量越高，"财富余额"就越多，日积月累，达到规定的余额就可以实现一个愿望。夕夕一看阅读可以存钱马上来了兴趣，高兴地说，他的第一个愿望是买一套乐高玩具。

从当天开始，夕夕每天主动阅读妈妈给他之前购买的一堆书籍，从一次只能读二十分钟左右积一分开始，后来慢慢能坐半个小时以上，并且读得都很专注，妈妈把积分增加为一次积两分。不到一个月，之前的存货全都被夕夕读完了，积分也增加到了之前约定好实现心愿的五十分，妈妈主动带领夕夕来到超市，买了一套夕夕喜欢的乐高玩具。

阅读的量起来了，妈妈觉得可以适当增加阅读难度了。在咨询老师后，妈妈又给夕夕买了阅读难度稍大的文学类书籍，开始阅读时确实有困难，夕夕表现出打退堂鼓的状态。妈妈跟夕夕约定，这一阶段的阅读可以亲子共读一本书，不了解的地方可以跟家长讨论交流，并且提高心愿的档次。夕夕愉快地答应了，以后的日子里，他和妈妈一同阅读，一同讨论书里的人物，一同分析作者独到的见解和独特的构思。只用了短短的二十天，竟然读了厚厚的五本文学书籍，达到了五十分的积分，第二个心愿——跟家长去露营一次的愿望又实现了。

不知不觉到了期末，有了一个学期阅读的加持，夕夕的语文成绩有了质的飞跃，进步了很多，老师在班上表扬了他一个学期所取得的进步，并且把阅读存折的读书方式推广到了全班，还让夕夕当阅读银行的行长，对阅读存折的使用方式进行培训指导，这下夕夕的阅读劲头更足了，脸上多了自信的笑容。

案例分析

在案例"将故事聊出新高度"中，可可本身对于阅读的兴趣一般，但妈妈非常希望可可成为热爱阅读的孩子。于是，在亲子共读时间，有意识地引导她把读到的内容讲述出来，妈妈在成为一名合格的听众后，又在聊故事的过程中顺势引导可可对阅读内容进行想象、补充……极大地满足了可可的成就感。这样，在不同的时期，选择不同的阅读内容，家长要做的是陪伴、倾听、给予情绪价值。做到不难，难的是持之以恒。

在案例"小存折 大用处"中，夕夕由原来的抵触阅读，到后面的热爱阅读，发生了质的改变，这是激发阅读兴趣带来的成效。小学阶段的教育，激励的作用不可小觑。要让阅读行为在孩子的生活中不断发生，就需要不断给予他们激励。激励不是挂在口头上的溢美之词，也不是随口而开的空头支票，而是要让孩子实实在在感受到阅读给予的成就感与获得感，继而达到自我激励的理想状态。这里要特别强调，无论是家长还是老师，一定要信守承诺，只要孩子的心愿是健康的，又有足够的余额来兑换，就要想方设法去满足他们，以达到对阅读保持持久兴趣的目的。

实操建议

1. 个性阅读，拓宽阅读视野

根据孩子不同年龄阶段的身心发展规律，制订有益的阅读计划，有助于孩子长期阅读习惯的形成。四年级孩子思维水平飞跃，喜欢新鲜事物，建议阅读经典书籍。反复诵读经典可提升记忆力和专注力，培养博览群书习惯，提高写作能力。

中高年级孩子应拓宽阅读范围，避免只读单一类型的书籍。家长应引导孩子阅读多样化的书籍，实现阅读的营养均衡，丰富孩子的大脑。

2. 给孩子榜样示范的力量

（1）读读孩子喜欢读的书

家长若要深入了解孩子的阅读喜好，应当关注孩子日常所阅读的书籍，并亲自阅读这些书籍。此举不仅有助于评估书籍是否健康、是否具有阅读价值，而且可以作为与孩子交流的桥梁。许多家长反映孩子不愿意与成人沟通，双方缺乏共同话题。然而，通过阅读孩子喜爱的书籍，并与之探讨书中人物，共同挑选未来想要阅读的书籍，家长可以像朋友一样与孩子交流，既引导了孩子，又加强了亲子间的关系。

（2）陪着孩子看电影电视

这里说的是由小说改编的电影和电视，或者是与教材内容相关联的电影和电视剧，比如《鲁滨孙漂流记》《小英雄雨来》《女娲补天》《海底两万里》……丰富的画面感既是对语言文字的补充，也是孩子对语言文字想象的印证；既能拓宽孩子的视野，也是产生阅读更多小说及经典的动力源泉。陪着孩子一起看，获得的是交流，是认同，是共鸣，这样有效的陪伴，为孩子的阅读鉴赏、影视作品鉴赏奠定了良好的基础。

3. 利用一切可利用的时间，增加阅读的广度和深度

时间就像海绵里的水，挤一挤总是有的。挤出来的时间岂能浪费？读书正好。

（1）每天见缝插针地读

一天中，我们可以挤的时间很多：早上起床、公交车站等车、学校晨读、课间、中午吃饭后、晚上做完作业后……爱读书的孩子自己会寻找可以读书的时间，甚至上厕所都抱着一本书，虽然这并不提倡。

（2）周末随心所欲地读

周末的时间和空间相对灵活自由，我们可以用半天时间去书店，坐在一个角落，读一本期待已久的书，也可以买一本心仪已久的书，带回家，舒服地"窝"在沙发上，悠闲自得地读，还可以和三五书友一起，开场小型的读书会，聊书、聊人、聊天谈地，岂不悠哉美哉！

（3）假期肆无忌惮地读

到了寒暑假，阅读时间就更充裕了，正是读书充电的好时机。到图书馆，那里的藏书浩如烟海且博大精深，坐在里面，尽情畅游于书海的世界。想把它带回家细细品读也没有问题，办一张借书卡，就能让孩子实现假期的阅读自由。

4. 对孩子的阅读要有要求

无论是课内还是课外的阅读，大人都应该给孩子的阅读提一定的要求，而不能走马观花地读，那样的阅读只能让孩子浮于表面，对于读过的内容，只有短暂的记忆，根本达不到阅读的目的。

（1）文本的内容

孩子对一本书或一篇文章的阅读，初读第一遍一定要知晓文本说了什么，故事的人物有什么特点，做了哪些事情，故事的主题是什么。这些是最基础的关于内容方面的了解。

（2）作者的意图

到了四年级，就不能只停留在对文章内容的初步感知阶段，还要理解一些难懂的词语的含义以及这些词语在文中的意义，明白故事的讲述者是谁，

他讲述这个故事的意图是什么？是表达一种情感还是传递一种思想或者讽刺一类现象……

（3）作者的写法

到了四年级，阅读指向性是作者的写法。如：不仅要明白作者表达了一种什么样的思想感情，还要反复阅读，弄明白作者是用怎样的方法来进行表达的；同一作者不同的文章是如何组织形成的，是如何谋篇布局的，语言风格有什么不一样；描写同一种动物，不同作家的侧重点在哪里……孩子可以在书籍中学的内容太多了，只要用心去钻研，必将有大的收获。

5. 阅读写作，双线并行

孩子通过长期的阅读积累，习得作者写法后，可以适当地进行写作练习。阅读与写作是相辅相成的：以阅读带写作，以写作促阅读，在培养孩子阅读能力的同时，帮助孩子积累写作的素材，揣摩写作的技巧，然后在具体的写作训练中，借鉴阅读中掌握的材料和技法，指导孩子写作，达到阅读与写作同步训练，互相促进、双向提升的目的。写，不一定像作家一样写完整的小说、散文，可以是即兴的随笔，有感而发的日记，或是关于某一方面技巧的专项小练笔。不能忽略读与写的关系，只有将读写结合，从文章中来，再回到文章中去，孩子的成就感因自己的文学表达而提升，促进写作的欲望，主动探索写作的方法，才能开出阅读道路上的艳丽之花。

我相信，孩子的阅读道路上有了家长的助力，一定会走得更宽、更远。

五年级
如何让孩子学会整本书阅读

家长的困惑

孩子进入五年级，自主意识进一步发展，他们对书籍的选择展现出了个性化的倾向。大多数孩子偏好阅读情节曲折的故事书，特别是科幻类作品，而对于散文、古诗以及文言文等类型的书籍则缺乏兴趣。由于阅读种类相对单一，且阅读频次不足，孩子的阅读思维能力提升面临挑战。那么，如何引导孩子在深入阅读整本书的过程中，将对阅读内容的理解从感性认识提升至理性认识呢？这就需要培育孩子的阅读思维。

关键词解读

培育阅读思维：核心在于提升孩子的综合理解能力，使他们能够从感性认识逐步过渡到理性认识，进而实现对文本全面而深入的理解。为此，应当有意识地引导孩子阅读多种类型的书籍，并在阅读过程中鼓励他们积极思考，建立阅读与个人经验之间的联系。

育儿实践案例

阅读一本好书

阅读一本好书，等同于与一位高尚的人进行对话。

——歌德

随着暑假的到来，小遥爸爸为小遥购买了五年级必读书单和推荐阅读书单上的六本课外书，加上书架上先前购买的书籍，真是琳琅满目。面对满书架的课外书，小遥非常兴奋，终于可以阅读期待已久的《流浪地球》啦。电影《流浪地球》改编自该小说。电影创意宏大，气势磅礴，描绘了一个幻想中的场景：太阳即将毁灭，人类不得不在地球上建造推进器，借助其动力将地球带离太阳系，寻找新的生存家园。小遥渴望通过阅读纸质书进一步探索《流浪地球》的无限魅力。

暑假的第一天，爸爸妈妈刚出门，小遥就迅速来到书桌前。书桌的一边放着当天的学习计划，另一边则放着那诱人的《流浪地球》。首先做最简单的书法作业吧，然而他的目光却不时地转向书架，内心感到焦躁不安，字迹亦逐渐变得歪歪扭扭。小遥再也无法抗拒内心的诱惑了，他翻开《流浪地球》，津津有味地读了起来。一个小时、两个小时、三个小时……不知不觉，一上午时间就过去了。小遥只写了寥寥数字，还把中午吃饭的事情也忘得一干二净。

下午，爸爸妈妈下班回到家，小遥还沉浸在《流浪地球》中。爸爸让小遥把白天写的作业拿出来检查，结果，他什么也拿不出来。爸爸勃然大怒，妈妈无奈地摇摇头，因为这已不是小遥第一次犯这样的错误了。爸爸慢慢平静下来后，拨通了老师的电话。根据老师的建议，爸爸与小遥进行了深入沟通，并调整了假期的学习和阅读计划。

"小遥，爸爸在学生时代也曾迷恋武侠小说，就像你现在迷恋科幻小说一样。"

"那你语文成绩好吗？"

"一点也不好。实际上，比以前更差了，因为我阅读没有计划，不分时间、场合地看，只沉迷于故事情节，上课时脑海中常常浮现出一幕幕武打场面……没有认真听讲，作业也未能完成。幸运的是，老师及时发现并帮助我纠正了错误。"

"爸爸，原来你也会犯错呀！"小遥不禁笑了。

"爸爸，自从看了《流浪地球》后，我现在只喜欢看科幻类故事，其他类型的书籍我都不感兴趣，感觉它们都没有科幻故事书有趣。"

"你最喜欢吃饺子，我们就天天顿顿吃饺子，你愿意吗？"

"当然不愿意，那样我就无法获得全面的营养，不能健康成长。"

"确实如此，阅读也是如此。正如鲁迅先生所言，'只看一个人的著作，结果是不理想的：你将无法获得多方面的优点。必须像蜜蜂一样，采集多种花粉，才能酿出蜜来。如果蜜蜂只叮在一处，那么得到的花粉就非常有限，酿的蜜会变得枯燥无味'。"

"我明白了，阅读需要广泛涉猎，才能获得丰富的知识。"

"爸爸，我热爱阅读，为什么我还是写不好作文呢？"

"因为你只读了故事情节，并没有进行真正的阅读。"

"什么是真正的阅读？"

"真正的阅读是在书中寻找宝藏，书中自有黄金屋。"

"书中有黄金？有宝藏？"

"确实如此，当你深入研读《流浪地球》时，便会发现作者刘慈欣在小说中展示了人类作为宇宙万物之灵的卓越智慧与力量。人类不仅能够深入理解外部世界，还具备深刻的自我反省能力和修正自身缺陷的珍贵品质。因此，在地球上，没有任何生命能与人类的强大力量相媲美。然而，如果将具备如此智慧的人类放置于无始无终的时间和无边无际的空间之中时，人类的存在似乎也变得微不足道了。"

"在《流浪地球》中，人类通过天文观测能够预知未来的氦闪，能够阻止地球的自转，利用发动机为地球装上推进器，将其转变为一个巨大的宇宙航行器，驾驶至外太空，寻找新的生存环境。同时，人类还能够使用反物质导弹清除轨道上的小行星障碍，克服重重困难，朝着安全的未来迈进。除了这些科技力量的运用，人类还懂得如何在严酷的环境中控制自身，减少族群数量，牺牲当前的利益以着眼于未来。但是，无论人类如何努力，都难以抵御自然界的一个微小波动。地震、洪水、干旱、低温、酷热、氦闪，每一个波动都可能导致人类族群瞬间消失。人类只能在宇宙留给它的狭窄缝隙中生存，而不具备与自然对话或讨价还价的能力。对自然的敬畏，成为《流浪地球》中压倒一切的主题。"

"如果你能像这样，读出一本书的整体内容，领会作者蕴含的思想观点和写作意图，理解故事所隐含的道理，你就找到了这本书的宝藏，找到了黄金。"

听完父亲的讲述，小遥连连点头。

"《流浪地球》太吸引人了，我想用两三天时间一口气把它看完，看完后再写作业，可以吗？"

"这本书确实引人入胜。假期时间虽然相对宽裕，但每天也有比阅读这本书更重要的事情。古语有云，'过犹不及、物极必反'，如果我们合理安排每天的阅读时间，既完成了最重要的事务，又阅读了喜欢的书籍，岂不是两全其美？"

听了父亲的话，小遥若有所思。

第二天，小遥按照父亲的建议，自主制订了暑假阅读计划表和《流浪地球》的思维框架图，开始了"阅读一本好书"的愉快旅程。

案例分析

上述案例中，小遥对阅读怀有极大的热情，然而他缺少自我管理的技能。在阅读过程中，他没有制订明确的计划，容易被吸引到感兴趣的故事情节中，而忽视了其他学习任务。

幸运的是，小遥的爸爸是一位负责任且深谙教育之道的家长。他耐心地引导小遥认识阅读的重要性，并教会了孩子如何合理地安排时间。要想真正地"读好一本书"，就需要有计划地进行，合理地安排每天的时间，以确保完成日常必需的任务和课外阅读之间的平衡。不应该只沉迷于一本书或某一类书籍，而应该广泛阅读，吸收不同领域的知识，以此来拓展自己的阅读视野。

此外，小遥的爸爸还强调了阅读时思考的重要性。他鼓励小遥在阅读的过程中不仅要吸收信息，还要积极思考，形成自己的阅读理解方式。只有这样，小遥才能够真正地提升自己的阅读理解能力。

实操建议

1. 指导孩子拟定读书计划

孩子制订时间规划，需要爸妈的协助。一些酷爱看书的孩子，常常一翻开书本就忘记了时间。家长可以跟孩子约法三章，只有完成了作业之后，才可以去看课外书。家长先把课外书收起来，孩子完成作业后，再把书还给孩子。

"凡事预则立，不预则废。"当孩子拿到一本书、一套书或一摞书时，很兴奋，特别是自己感兴趣的书籍，恨不得马上把它读完。这时候，家长一定要保持清醒，结合孩子年龄特点，引导孩子进行时间规划和管理。

孩子可以拟定两份阅读计划：一份是针对阅读数量的计划，根据实际情况，一个暑假（寒假）或一个学期打算阅读多少本书，每本书的阅读期限有一个大概的时间节点；另一份是针对一本书的阅读计划。

一旦计划制订完成，须严格执行，以减少随意性。这样可以确保在时间管理上达到一定的阅读量，从而引发质的飞跃。

要让孩子理解必须完成的任务和自己渴望去做的事情之间的区别。作业属于必须完成的任务，而阅读课外书籍则是个人兴趣所在。这两者应当有一个明确的顺序：优先处理必须完成的任务，随后才是个人兴趣之事。无论面对多少任务，都应逐一完成。帮助孩子列出所有待办事项，并根据优先级进行排序，完成后逐一勾选。随着任务的逐一完成，孩子会逐渐获得成就感，并开始享受这种有序的生活方式。更重要的是，孩子将学会区分哪些事情应该优先处理，哪些可以稍后进行。

2. 培育孩子的阅读思维

"倘只看书，便会变成书橱。"语言文字作为思维的载体，承载着作者思维的内容。读者要想了解作品的内容，就必须先通过对语言文字的感知去领会它所表达的意义。实际阅读中，随着视点的游移，从字到词，从词到句，文字符号被感知为语言的信息输入大脑，获得的仅是对语言文字表层意义的理解，还须从中去领会它所蕴含的深沉意义和世间情味。尤其是文学语言，遣词精当而含义隽永，只有透过它的表层意义才能体会到它的丰富内涵。

阅读思维的培育，就是要以培养孩子的各项理解能力为核心，使孩子对文本能够由感性认识达到理性的认识，获得对文章整体性的理解能力。

（1）掌握作者的行文思路

文章思路，是作者思考问题的途径。阅读整本书要看明白作者的思路，怎样开头，怎样写下去的，跟着它走，要理解它为什么这样走，它是文章思想内容得以表现的一种内在逻辑结构。引导孩子多注意作品的曲折变化处，场面的转换，情节的起伏等，这些曲折之处，是作者思维阶段性、层次性或连续性的表现，如果孩子对曲折处理解了，也就掌握了作者的思维路径，找到了各部分之间的内在联系。

（2）体悟并概括作者表达的思想感情

要培养孩子对一本书的整体性理解能力，还必须在引导孩子理清作者行文思路的同时，提高他们对作者所要表达的思想感情的体悟和概括能力。

作者所要表达的思想感情往往是寓于故事情节和人物形象之中的。作品情节是展示人物性格、表现人物关系的一系列事件的发展过程——发生、发展、高潮、结局，在情节分析过程中去区分作品的中心事件和主要矛盾。结合情节分析主要人物和次要人物，通过对主要人物肖像、语言、动作和心理活动描写的分析，以及对环境描写和细节描写的分析，概括出主要人物最本质的性格特征。在情节和人物性格分析的基础上，再引导孩子看作者到底反映了怎样的社会生活，他歌颂了什么，暴露了什么，赞扬了什么，反对了什么，他爱的是什么，恨的是什么。经过这样的分析和综合，也就自然概括出了这本书作者所表达的思想感情。

在对作品思想感情的概括过程中，家长注意引导孩子克服思维的表面性和片面性。是否抓住事物的主要矛盾，是否看到事物之间的内在联系，是否能从具体材料中抽象出事物的本质特征等，都需要孩子在大量的整本书阅读中去逐步学会全面地、由表及里地思考问题。

3. 引导孩子跨文本联系

家长通过引导孩子进行跨文本联系，可以帮助他们构建更为丰富的阅读网络。例如，将《西游记》与《哈利·波特》进行比较，尽管两者分别属于中国古典名著和现代魔法小说，但都能让孩子感受到冒险与成长的力量。孙悟空的机智勇敢与哈利的坚韧不拔，都是孩子在阅读中可以汲取的正能量。通过这样的对比，孩子能更深刻地理解在不同文化背景下，英雄形象的塑造与故事叙述方式的差异。

我们还可以鼓励孩子将文学作品与现实生活相联系，思考书中人物的经历与情感，如何在自己的生活中找到共鸣。例如，在阅读《草房子》时，家长引导孩子思考书中的友情与亲情，与他们自己的经历有何相似之处，这不仅能加深他们对书籍的理解，还能促进他们情感的共鸣与成长。

跨文本联系是一种有效的阅读策略，它能帮助孩子建立更为全面的阅读观，使他们在阅读中不断成长，拓宽视野，提升思维。

六年级
如何让孩子跟着书本去实践

家长的困惑

孩子读了很多书，说起来头头是道，做起事情来却总是笨手笨脚，经常顾头不顾腚，缺乏创造性解决问题的能力，到底是哪个环节出了问题？

"纸上得来终觉浅，绝知此事要躬行。"古往今来，实践在学习和人的发展过程中都起着举足轻重的作用。一味地读死书，死读书，最后就是读书死。

如何才能把书读"活"呢？

关键词解读

《礼记·中庸》中关于读书是这样说的："博学之，审问之，慎思之，明辨之，笃行之。"意思是，学习首先要广泛地涉猎，然后有针对性地提问请教，并且学会进行周全地思考，从而形成清晰的判断力，最终用学习得来的知识和思想去指导实践。

广泛的实践可以确保学生书本上学到的知识被真正理解和运用，六年级的学生，开始步入青春期，他们对外界探索与挑战的欲望与日俱增，正是培养其社会实践能力的关键时期。

育儿实践案例

夏训

"还是咱们小学的同学在一起更亲热！"已经初中毕业的思怡同学回母校看望老师时，发出了这样的感叹。话音刚落，其他随行的孩子也连连点头称是。"为什么？"老师好奇地问。"因为我们小学开展了好多实践活动，都特别有意思，我现在写作文还经常以小学开展的活动为题材呢！"原来，一次次实践活动竟然给孩子们留下了如此深刻的印象。

记得这帮孩子上小学六年级的时候，老师正好申报了一个省级课题——小学"自主·互融"假期生活课程实践研究。假期生活课程把儿童放在"舞台中央"，以"自主·互融"为主线，参照中国学生发展核心素养总体框架，遵循学生阶段身心发展规律，结合各年级学期学校课程与假期生活课程互融衔接点位，形成了小学各年级既有共同主题，又有梯度，随年级递增呈螺旋式上升的"假期生活课程"系列，促成了学生、家长、教师三方"学习共同体"的建立，学生的假期生活呈现出一种全新的，有序有趣，丰富多彩的样态。

老师在设计六年级假期生活课程文化基础板块时，设置了：①制作毕业电子相册——"六年，我们一起走过"；②策划一次假期生活小课题。其中第二项"策划一次假期生活小课题"为必选项目，意在让每个孩子都有自我认同、主动发展的态度。

孩子们刚共读完《鲁滨孙漂流记》《尼尔斯骑鹅旅行记》《汤姆索亚历险记》《爱丽丝漫游奇境》几本书。思怡同学便想策划一次野外生存训练，但她又担心自己没有能力完成这项艰巨的任务。于是，她找到妈妈，跟妈妈说了自己的想法，想寻求妈妈的帮助，没想到妈妈一听女儿的想法，也跟思怡一样，怕自己能力不足，最后，思怡只好沮丧地找到老师，打算放弃这次的小课题组长职位。

难得孩子有这么好的想法，怎么能轻言放弃呢？于是，老师启发思怡："你觉得咱们班还有谁能胜任这份工作呢？"思怡很快就想到了小寇同学，小寇的爸爸当过特种兵，有着丰富的户外活动经验，经常带着小寇去野外活动。

就这样，小寇同学的妈妈协助孩子们迅速建立了"家庭教育共同体"QQ群，小寇爸爸担任本次综合实践活动的总指挥，思怡妈妈担任副总指挥，小脊的家长担任联络员。为了让更多孩子担任小组长，培养孩子的领导力。孩子们又进行了分组，每组确定一个组长，共六个组长，负责本小组的人员沟通、联络、整队，负责牵头本组的露营活动和徒步活动。

下午四点，孩子们和家长相约来到集合点，搭帐篷、包饺子、煤油炉煮饺子、夜晚仰望星空寻找北斗星。孩子们把各学科知识化为协调能力、观察能力、操作能力、运动能力、问题解决能力、工具使用能力、环境分析与预测能力，在活动中悄然实践、运用、提升。

第二天，凌晨五点半，孩子们早已按捺不住内心的激动，从帐篷里探出小脑袋，期待着美丽的仙海日出胜景。早餐过后，环仙海湖徒步一圈，才是对孩子们真正的考验。寇爸举着大喇叭在前面领队，孩子们按小组排成两路纵队紧随其后，其他的家长则走在队伍的后面负责压阵。刚开始，孩子们你追我赶，一路谈天说地，偶遇路边新奇的植物或昆虫会停下来看一看、摸一摸。但还没走完路程的一半，就有几位小朋友面露难色，看看天空耀眼的太阳，擦擦脸上的汗珠，想想鲁滨孙、汤姆·索亚，确实又不好意思停下来。就这样，在大家的相互鼓励和"裹挟"之下，所有孩子都走完了全程 20 余公里。家长们不禁为孩子们竖起了大拇指，这一次的经历也深深地烙印在了孩子的心里。

智慧生活，感动你我

小胥同学家里有很多智能的家电和家居，所以在策划假期生活课程的时候，她提议开展一次"智慧家居"体验活动。小胥的想法得到了妈妈的大力支持，但妈妈觉得家里场地太小，就建议小胥和孩子们相约到"双创"中心开展活动。

为了更好地了解人工智能，小胥妈妈建议孩子们先阅读涂子沛写的《给孩子讲人工智能》《给孩子讲大数据》两本数据思维启蒙书，这两本书涵盖了小初高的数学、物理、科学、天文、历史等多学科知识，但又超越了学生的课堂。

活动当天，小胥妈妈特地请来了"八二七"科研院所的龚老师为孩子们面对面地普及人工智能相关知识。老师以问题"什么是人工智能""未来的你，会被取代吗""要学习人工智能，现在要学好哪些学科"为导向一步一步引导孩子们，要想掌握人工智能技术，现在就要好好学习各门基础学科知识。

接着，老师给孩子们演示了用平板电脑指挥机器人跳舞，小胥妈妈为孩子们展示了用手机远程开关家里的空调。看着孩子们纷纷跃跃欲试，大人们满足了孩子们的愿望，带领他们来到"智慧家居生活馆"。孩子们有的体验家庭影院、有的体验智慧灯光、有的体验起降窗帘……美好的时光，快乐的体验，冷静的思考，这些书本上描绘的情景正在孩子们面前徐徐展开。

案例分析

实践能力是个体在实践中获取知识，并运用知识解决实践问题的能力，可分为一般实践能力和专项实践能力。六年级学生需要重点培养的一般实践能力主要包括问题情境感知能力、肌体运动能力和使用工具能力等。

在案例"夏训"中，思怡因读了系列历险记，有了活动想法会向家长和老师求助。孩子们在野外用煤油炉煮饺子、在徒步过程中面露难色，都是面临的真实问题情境，他们在课外书中几位主人公的精神激励下，团结协作，通过探索和挑战解决了问题，这对孩子们来说都是可贵的成长经历。而专项实践能力是指人在解决某个特定领域实际问题的过程中表现出来的生理与心理特征。案例中，孩子们将不同学科知识应用于实践问题解决时，就需要专项实践能力。例如，孩子们搭帐篷需要地理观察能力、操作能力，环湖徒步需要观测能力、环境条件的分析与预测能力等。

在案例"智慧生活，感动你我"中，小胥同学有了想法，家长积极支持，而且对活动进行了拓展提升，让孩子们先阅读课外书籍，为孩子们请来专家面对面交流。当孩子们跃跃欲试时，为他们提供实践体验的场地，满足孩子们的求知欲和好奇心，让知识由理论变成可以参与的实践活动，由实践活动激发孩子们更进一步学习理论知识的内在动力，变"要我读书"为"我要读书""我还要读更多的书"，才能追赶上时代进步的潮流。

六年级是孩子综合实践能力发展的关键期，但每个个体发展程度也存在着差异，家长朋友们要有静待花开的良好心态。并且，将书本知识转化为综合实践能力也是一个循序渐进的过程，需要家长配合反复训练。

实操建议

1. 跟着书本去旅行

"读万卷书，行万里路"是我国传统的游学教育理念和人文精神。可以使孩子们理论联系实际，加深对课堂学习内容的理解，培养和锻炼孩子们的实践能力，促进知识与生活的融合。很多作家的作品都是写的自己的经历，但不同的人对相同的事物也会有不同的理解和体会。

六年级的孩子可设计一次京津冀地区之旅：去北京逛逛南锣鼓巷的胡同，感受老北京的气息（《语文》六年级下册"北京的春节"），去天安门看升旗仪式、瞻仰毛主席，体验一场属于祖国的仪式感（《语文》六年级上册"七律·长征""开国大典""灯光"，《语文》六年级下册"毛主席在花山"）；去故宫博物院，体验推开一扇门，感受两朝三世六百年的震撼（《语文》六年级上册"故宫博物院"），登上长城，体会不到长城非好汉的豪迈，找找长城的位置和方向（《数学》六年级上册"位置与方向"）；去天津周恩来邓颖超纪念馆，感受周恩来、邓颖超两位伟人一尘不染而来，两袖清风而去的崇高精神品质（《语文》六年级下册"十里长街送总理"）；去河北狼牙山，看看五位壮士英勇跳崖的感人事迹（《语文》六年级上册"狼牙山五壮士"）。也许，孩子旅行后，会对书本知识有更深的理解，也可能会有不同的理解，甚至会对书本的描述进行质疑，有质疑是好事，孩子可以更广泛地阅读，更深入的探究。

2. 跟着书本去践行

孩子只有不断运用学习到的知识去解决真实且位于学生"最近发展区"的问题，才能充分锻炼自身的实践能力。如孩子在课堂上学习了《语文》六年级上册的"竹节人"就可以尝试用不同材料自制竹节人，有的孩子用吸管，有的孩子用纸卷、有的孩子用吸管加塑料绳，也有同学直接用的竹子，几种不同的材料制作出的竹节人各有优点，通过比较，他们会发现用吸管加塑料绳制作竹节人材料易得，而且容易造型。孩子们还可以进一步探究竹节人的发展，难道竹节人是最初的"机器人"原型？

学习了《语文》六年级上册的"只有一个地球"可以开展一次环境调查活动，例如，选择家乡的几处水质进行调查，看跟自己预想的结果是否一样？或许，有了实践还不够，还要继续阅读相关书籍，探究问题背后的秘密。

3. 跟着需要去阅读

古人云："书到用时方恨少，事非经过不知难。"到实际使用的时候才会觉得书读得太少了，没有亲身经历过不知道事情的艰难。

孩子阅读力的发展不光靠阅读习惯、阅读兴趣的培养，更重要的是要把阅读与表达结合起来，把阅读与实践结合起来。家长要给孩子创造表达和实践的机会。

家庭出游前，可让孩子阅读旅行地相关的书籍，做旅游攻略，绘制出行地图；出游时，请孩子做小导游讲解。孩子便会主动去阅读相关书籍，如获得大人的夸赞，下次出行还会做更充分的准备。这样既加深了孩子对阅读材料的理解，同时也锻炼了孩子的归纳、概括能力。

很多孩子对虫子特别感兴趣，如果要制作一本自己的"昆虫记"，就会主动查阅相关的书籍，进行科学论证。

有的孩子对大人的职业很好奇，也想去体验，比如：体验报社编辑，就会主动去阅读作文评改方面的书籍；体验当老板，就会主动阅读管理、销售方面的书籍；体验种植，就会主动阅读植物学方面的书籍……

有的孩子对研究性学习很感兴趣，不妨尝试几种方法相结合阅读：

（1）泛读

泛读指收集资料，增加积累。孩子通过读同一作家的不同作品，探究作者的写作风格。或者读同一题材，不同作家的作品，比较异同。

（2）通读

通读是用较短的时间，对整本书包括前言、目录、正文、后记等进行一次快速阅读，了解书的全貌、主要内容、作者的写作目的等。

（3）精读

阅读经典书目适合运用精读，精读是对书中的每一处细节做深入理解。需要进行圈点、批注甚至查阅工具书。孩子要弄清整本书的结构、线索、主题以及词句的含义，写读书笔记、读后感等。

（4）跳读

对于一些不太感兴趣的书，孩子可以采用跳读的方法，抓住书的主要脉络、重点章节加以阅读，取其有用之处即可。对于书中较难理解的地方，孩子可以不求甚解，跳过即可。

（5）朗读和背诵

一本好书通常有打动人心的句子或段落，孩子可以加以朗读和背诵，特别是阅读经典名著时，可以对其中的诗词、短句进行反复记忆、积累，并尝试运用于自己的习作，增强作文的表达效果。

阅读只是积累，实践才是"活"化知识，只有实践才能将知识转化为能力，帮助孩子发现问题、理解问题的本质，提升孩子创造性地解决问题的能力。

4. 跟着阅读学创作

阅读是创作的灵感源泉，孩子们在阅读的过程中，不仅能够汲取知识，更能激发无限的创造力。当他们沉浸在书本的世界里，那些生动的情节、细腻的情感、独特的视角，都会成为他们创作的火花。

鼓励孩子们在阅读后，尝试用自己的语言去复述故事，或者根据故事进行改编、续写。这样的练习，不仅能够加深他们对阅读材料的理解，更能锻炼他们的表达能力和想象力。比如，他们读了《三国演义》后，可以选取其中一个片段，进行现代版的改编，让古老的故事焕发新的生命力。

此外，家长还可以引导孩子们进行仿写练习。选取一些优秀的文学作品中的精彩段落，让孩子们仔细品读，然后尝试模仿其风格、语言进行创作。这样的练习，能够帮助他们掌握更多的写作技巧，提升写作水平。

在创作的过程中，孩子们可能会遇到各种困难和挑战，但正是这些困难和挑战，促使他们不断思考、不断探索，最终找到属于自己的创作之路。

家长朋友们要给予孩子足够的支持和鼓励，让他们在阅读和创作的道路上越走越远，享受其中的乐趣和成就。

亲爱的家长朋友们，没有一艘船能像一本书，也没有一匹骏马能像一页跳跃着的诗行那样——把人带往远方。读书是门槛最低的高贵，也是最易触摸的奢侈，唯有书香能致远，腹有诗书气自华，爱孩子，就让孩子享受美妙的阅读时光吧！

第十三章

善于阅读，共同推荐

书犹药也，善读之可以医愚。

——（西汉）刘向

阅读的起点，始于与一本好书的邂逅。家长朋友们，怎样引导孩子发现好书的"好"，进行有质量的阅读，让他们爱读更会读呢？阅读有法，策略先行，当父母以指读引导观察、用提问启发思考、借讨论延展想象时，阅读便超越了简单的信息传递，成为一座连接逻辑思维训练与情感共鸣生成的桥梁，最终形成受益终身的深度阅读能力。

一年级
图画主导，语言启蒙

一年级的阅读，是用眼睛"看见"故事，用指尖"触摸"语言，用耳朵"聆听"韵律。和着轻快的音乐，爸爸妈妈和孩子一起趣读童诗童谣、绘本故事，每一首好的童谣就是一首美妙的诗，每一首好的童谣就是一幅美丽的画，而每一本"画出来的书"都是孩子打开阅读之门的第一扇窗。在这里，文字是轻轻落在花瓣上的露珠，短句、叠词、循环的节奏，让拼音与汉字自然生长为故事的枝蔓。图画书的空白处，那些未说出口的"为什么"，终将在未来的某一天，破土成完整的追问与表达。

表 13-1 和表 13-2 是一年级的必读和选读书目推荐。

表 13-1　一年级必读书目推荐

书名	作者、编者等	出版社	阅读主题
《读读童谣和儿歌 200 首》	方国荣	江苏凤凰文艺出版社	语言韵律启蒙
《和大人一起读》	曹文轩、陈先云	人民教育出版社	亲子共读互动
《彩绘全注音幼儿国学启蒙：三字经》	刘承沅	北方教育出版社	传统文化启蒙

表 13-2　一年级选读书目推荐

类型	书名	作者、编者等	出版社	国家	推荐亮点
故事类	《拔萝卜》	阿·托尔斯泰	新蕾出版社	俄罗斯	团结协作经典寓言
	《蚯蚓的日记》	哈利·布里斯，朵琳·克罗宁	明天出版社	美国	以小见大的生命教育
绘本类	《老鼠娶新娘》	张玲玲	二十一世纪出版社	中国	传统婚俗与童谣结合
	《我妈妈》	安东尼·布朗	河北教育出版社	英国	幽默描绘母爱的超能力
国学与传统	《中国记忆·传统节日图画书》	王早早	北京师范大学出版社	中国	节日习俗与生活美学
	《小熊和世界上最好的爸爸》	阿兰德·丹姆	贵州人民出版社	荷兰	父爱陪伴的温暖互动
童谣类	《小刺猬理发》	鲁兵	长江少年儿童出版社	中国	卫生习惯养成童谣
	《爱书的孩子》	彼得·卡纳沃斯	浙江少年儿童出版社	澳大利亚	家庭阅读的情感纽带

表13-2（续）

类型	书名	作者、编者等	出版社	国家	推荐亮点
数学启蒙类	《数字爷爷的数字乐园》	劳瑞·凯勒	二十一世纪出版社	美国	生活中的数学启蒙
	《时间的故事》	Hye-Eun SHIN	长春出版社	韩国	时间概念的趣味化表达

必读书目推荐

1.《读读童谣和儿歌200首》

该书收录童谣、儿歌200首，其中有著名儿童文学作家、作曲家为孩子创作的儿歌、民间流传的童谣、外国著名经典儿歌和当代社会各界人士及学生创作的优秀童谣。书中挑选的童谣和儿歌强调格律和韵脚，取材贴近生活和自然，内容浅显，想象丰富，富有情趣，语言活泼，富于韵律，朗朗上口。题材包罗万象，能满足儿童好奇的心理，孩子可以从童谣和儿歌中获取新的经验和知识。

阅读指南： 该书适合用亲子交流的方式阅读。

读一读：建议先观察封面、目录等，向孩子介绍本书中收录的儿歌涉及的主题，包含描写节气时令的，也有描绘游戏场景的，还有重现旧时乡土生活、习俗的歌曲。

讲一讲：带着孩子想象画面，讲一讲在特定主题下孩子会联想到的画面，家长和孩子可以一起描绘脑海中的画面，增进亲子感情。

唱一唱：一起聆听书中收录的各种童谣和歌曲，妈妈可以和孩子一起学习歌曲，熟练以后孩子和家人一起合唱歌曲。

2.《和大人一起读》

这套书是由教材统编部门推出的"和大人一起读"专栏中初级儿童阅读读物。这套书体现了亲子阅读、全民阅读、自主阅读的编排理念，着力克服现阶段学校普遍存在的课外阅读边缘化现象，致力于推动儿童阅读进教材、进课堂，打造课外阅读课程化，对学生进行全面的课外书阅读指导。《和大人一起读》正是基于这一目的，专门为小学生设计出版的一套以激发兴趣为主的亲子共读读本，它不仅可以使小读者们爱上阅读，而且可以帮助他们更好地掌握阅读方法，并从中得到乐趣与启迪。

阅读指南：这套书适合与家人一起展开趣味性阅读。

看一看：这套书中每册有不同的封面，但是它们的共同点都是画面童趣和谐，有小孩子、小动物和大自然中的各种美景。文章选取与孩子身边的生活息息相关，让他们产生共鸣，进而产生好奇心。

读一读：孩子和家长围坐在一起，阅读书中的故事。

说一说：孩子可以说说自己在故事中获得的体会与启发，家长和孩子分享自己的故事，在交流中获得更多的经验与方法。

3.《彩绘全注音幼儿国学启蒙：三字经》

书中精选《三字经》核心内容，涵盖历史、伦理、自然常识等，如"人之初，性本善""玉不琢，不成器"等经典名句。全书配以精美插图，生动展现"孟母三迁""孔融让梨"等经典故事，画面细腻，场景丰富，是国学启蒙与亲子共读的理想选择。

阅读指南：该书适合亲子诵读。

看一看：欣赏书中精美的插图，观察古人生活场景，激发孩子的好奇心。

读一读：家长与孩子一起诵读经典名句，感受语言的韵律之美。

讲一讲：结合插图讲解历史典故，如"孟母三迁"的教育意义。

说一说：孩子分享阅读体会，家长引导联系生活实际感悟美德，如"融四岁，能让梨"中的谦让精神。

选读书目推荐

1. **故事类**

（1）《拔萝卜》

看点推荐："拔萝卜"是一个耳熟能详的有关团结合作的故事，配以童谣，无论是读起来还是唱起来都朗朗上口。

内容简介：小白兔在地里找到了一根大萝卜，用尽全力也拔不出来，这时，小猴来了，小兔请他一起拔，还是拔不动，小猴又把正在草丛里睡觉的小猪喊来一起拔，还是拔不动。他们正在发愁，走来一只身材魁梧的小熊，他高傲自大，自以为是，他让大家让开，独自去拔，想炫耀一番，结果并未成功拔出萝卜，自己还摔倒在地上。最后，小熊接受了教训，和大家一起齐心协力地拔萝卜，终于把大萝卜拔了起来。

（2）《蚯蚓的日记》

看点推荐：该书让我们了解不同生物和地球的相关知识，培养孩子乐观、积极向上的情感态度以及多元思考的习惯。

内容简介：该书以日记书写的方式，记录和表达了小蚯蚓的观察及思考。从小蚯蚓的观点看世界，记录了学校、家庭和朋友之间的生活点滴，还有对自我、未来的想法。

2. 绘本类

（1）《老鼠娶新娘》

看点推荐：该书画面相当精致，凤冠霞帔的老鼠新娘格外高贵娇媚，朗朗上口的童谣，让孩子在阅读中感受语言之美，体味中国传统文化。

内容简介：老鼠村长的女儿要抛绣球选新郎，一只黑猫冲进来搅乱了局面。为了女儿的幸福，老鼠村长决定找一个全世界最强的女婿。寻找过程中出现了一物降一物的情节，最后老鼠村长把女儿嫁给了老鼠阿郎，故事画面具有浓郁的"中国风"，如抛绣球、抬花轿、入洞房……凤冠霞帔，十里红妆，这些美好的场景让孩子了解到了中国传统的婚嫁习俗，深深领略古老的文化，开阔孩子的文化视野。

（2）《我妈妈》

看点推荐：这是一本非常优秀的绘本，它以一种幽默的方式，为我们呈现出了一位无所不能的妈妈，当好幼儿和绘本进行充分对话的桥梁和纽带。

内容简介：该书以一个小男孩的视角，用简单而充满诗意的语言，形容自己的妈妈："我妈妈是个手艺特好的大厨师，也是一个很会杂耍的特技演员……"通过孩子的想象，妈妈被赋予多种超能力，勾勒出一位平凡而伟大的母亲形象。

3. 国学与传统类

（1）《中国记忆·传统节日图画书》

看点推荐：图画精美、细腻，故事富有生活气息。自然渗透节日习俗，让孩子在阅读中接受中国传统文化的熏陶。蕴含多种价值：书名的中国韵，节日习俗的自然渗透，精美的画面等。

内容简介：该书选取中国传统文化中颇具特色的元素，以故事为主线展开，立足于真实的民间生活，自然渗透中国传统文化的内容，使读者在阅读中既感受到温暖和爱，同时也自然而然地了解中国传统文化，唤起心灵深处对中国传统文化的热爱并长存记忆之中。

（2）《小熊和世界上最好的爸爸》

看点推荐：爸爸需要更多地参与到孩子的成长中，好多爸爸都在说："我陪了，他玩他的，我陪在旁边就好。"什么是好的陪伴？其实，给孩子读书讲故事就是一个不错的陪伴方法，尤其是这套以爸爸为主题的绘本，爸爸的阅读一定会和孩子产生许多共鸣。

内容简介：这是一套特别适合爸爸和孩子共读的书。许多爸爸总以为陪伴是妈妈的责任，整日奔波于职场与事业之间。其实，哪怕只有片刻闲暇，也可以翻开该书，用温暖的故事开启高质量陪伴的亲子时光。读后，爸爸们会发现原来可以为孩子做那么多，也会发现原来孩子是那么迷恋爸爸、那么需要爸爸、那么愿意和爸爸交流、嬉戏。

4. 童谣类

（1）《小刺猬理发》

看点推荐：情节富有童趣，人物形象生动，故事用诙谐幽默的语言描述了"小刺猬"的变化，引导孩子做一个讲卫生、爱清洁的好孩子。

内容简介：理发店里来了一个"小刺猬"，有着长长的头发，理发师赶快给他剪发，嚓•嚓、嚓，剪完头发一看，哟！原来不是小刺猬，是个可爱的小娃娃。

（2）《爱书的孩子》

看点推荐：信息化时代，许多家长回家后用大部分的时间来看手机里的碎片化信息。一家人住在同一屋檐下却有着距离。但愿我们更多人能回归如初，和家人一起看书，一起探讨书中的情节，爱上阅读。

内容简介：安格斯和露西喜欢书，他们有好几百本书。有一天，所有的书都搬走了，安格斯和露西发现自己非常需要书，并且超过他们的想象。书，是任何时候都需要的东西。

5. 数学启蒙类

（1）《数字爷爷的数字乐园》

看点推荐：该书通过生活场景（如买菜、分糖果）将数学知识自然融入孩子的日常体验，数字被拟人化为"小助手"，如挂钩、跷跷板等，生动有趣。书中融入科学、艺术和语言学习，培养逻辑思维和表达能力。插画色彩鲜艳，细节丰富，适合亲子共读，激发孩子对数学的兴趣和探索欲。

内容简介：在生动有趣的场景中，如买菜、分糖果、数玩具等，数字爷爷用轻松幽默的方式，带领孩子认识数字、学习加减法、理解简单的数学概念。在充满童趣的情节中，孩子轻松掌握基础数学知识。

（2）《时间的故事》

看点推荐：这是一本数学绘本，它的画面有的湿漉漉，有的暖洋洋，有的栩栩如生，有的惟妙惟肖，有的穿越时空直抵心灵，有的精确严谨。它讲故事，但只看图也能让幼小的心灵感悟世界的美丽。

内容简介：时间到底是什么？时间是蜗牛，年复一年、日复一日，时间就像任何时候都从头开始团团转的蜗牛，时间是淘气鬼，任性地一会儿长，一会儿短，玩得开心时"唰"地很快过去，无聊时无论怎样都不肯走，时间是裁判，赛跑时相差一秒钟就会马上分出等级。不能让时间停止吗？如果时间停止，就可以跟爷爷奶奶、爸爸妈妈永远在一起。

二年级
桥梁过渡，简单推理

当图画不再独自撑起故事，文字开始轻轻牵起孩子的手。家长如何引导孩子从依赖图画顺利过渡到从更多的文字中汲取营养，同时保持阅读的兴趣？家长在亲子共读时，不妨轻声问孩子："小鲤鱼会遇到什么挑战？"家长可以脑洞大开地用旧袜子做布偶陪孩子演玩具运动会；可以鼓励孩子画心中的"水晶鳞片龙门"；可以陪着孩子采艾叶、做青团，读完了书，极具仪式感地拥抱孩子说："你和玩具一样勇敢长大!"当你化身为孩子的玩伴，和孩子一起读、一起猜、一起画、一起做，读书将变成一件多么好玩的事啊!

表 13-3 和表 13-4 是二年级的必读和选读书目推荐。

表 13-3　二年级必读书目推荐

书名	作者、编者等	出版社	阅读主题
《小鲤鱼跳龙门》	金近	商务印书馆	亲子交流阅读
《一起长大的玩具》	金波	长江文艺出版社	团队合作
《奶奶的青团》	保冬妮	新疆青少年出版社	传统节日习俗

表 13-4　二年级选读书目推荐

类别	书名	作者、编者等	出版社	国家	推荐亮点
故事类	《牛言·蜚语》	许蚕，奇伟	四川少年儿童出版社	中国	学会独立思考
	《豆蔻镇的居民和强盗》	托比扬·埃格纳	湖南少年儿童出版社	挪威	热爱生活
绘本类	《不见了一只猫》	梁灵惠	百花文艺出版社	中国	爱与陪伴
	《秋千会》	吴然	江苏凤凰少年儿童出版社	中国	云南民俗
成长类	《晴天有时下猪》	矢玉四郎	二十一世纪出版社	日本	孩子学写字的字体写成的故事
	《帅猪的冒险》	约翰·赛克斯伯	湖南少年儿童出版社	英国	与伙伴相处
百科类	《来喝水吧》	葛瑞米·贝斯	长江少年儿童出版社	澳大利亚	是一本语文书、解谜书、美术书
	《美术馆里遇到的数学》	马仲物	长春出版社	韩国	好玩的数学
诗歌类	《蝴蝶·豌豆花》	金波	河北教育出版社	中国	感受生命律动
	《打开诗的翅膀》	海峡两岸儿童文学研究会	中国民族摄影艺术出版社	中国	特设"亲子共读"互动页

必读书目推荐

1.《小鲤鱼跳龙门》

该书以动人的故事情节，讲述了一群勇敢的小鲤鱼听了鲤鱼跃龙门化为龙的传说后，不畏艰险、追寻梦想的故事。故事告诉我们，困难并不可怕，只要不放弃，努力进取，不断尝试，自己的能力就会不断提升，最终成功也指日可待。

阅读指南：该书适合用亲子交流的方式阅读。

读一读：建议孩子大声朗读故事，精彩部分可以反复朗读，还可以邀请父母模拟鲤鱼奶奶的口吻朗读相关内容。

讲一讲：一家人围坐在一起，孩子结合图画给家人讲一讲这个故事。

问一问：听完了故事，问问孩子还记得小鲤鱼遇到了哪些困难，都是如何克服的？

说一说：家人可以说说自己在生活、工作、学习中曾经经历的困难和挫折，又是如何面对的。如果孩子有感而发也能讲自己类似的体会就更好了。

2.《一起长大的玩具》

"陀螺""兔儿爷""泥泥狗""鸡毛毽""会飞的枯叶"……多么有趣的玩具啊！作者以饱含深情的笔调，回忆并介绍了伴随自己度过童年生活的几种玩具，表达了对童年生活的怀念之情，同时也告诉我们，玩具不仅是游戏的媒介，也是一种文化，还是塑造孩子美好德行的宝库，如相互协作、谦让分享、团队合作等。

阅读指南：该书适合家人一起进行趣味性阅读。

猜一猜：读书之前，翻开插图，猜这是什么玩具，知道它的玩法吗？

玩一玩：翻开书一边读，一边跟家人一起玩玩相关的游戏，对照一下，是书上写的那样吗。还可以组织一次家庭游戏大赛！

画一画：如果有兴趣，画出自己和家人玩游戏的画面，玩了几种游戏就画几张，每一张上再配上一两句话，把几张画装订在一起，就可以制作属于自己的新书。

3.《奶奶的青团》

清明节前夕，小女孩儿和奶奶在一起采艾草、揉面团、包青团，在传统美食制作中，感受亲情的温暖，了解寒食祭祖的文化深意。

阅读指南：该书适合家人一起进行互动性阅读。

看一看：阅读封面，指认封面都有些什么。

试一试：按照书中的介绍，采集并认识艾草，尝试制作青团，邀请长辈品尝。

查一查：清明节、寒食节，还有哪些习俗？孩子可以上网查阅，了解更多的相关知识。

选读书目推荐

1. 故事类

（1）《牛言·蜚语》

看点推荐：在信息爆炸时代，辨别信息真假，具备追根究底的思辨能力尤为重要。《牛言·蜚语》是一本不错的思辨绘本，书名巧妙，插画直观，上下倒映的叙事方式生动直观地描绘了流言的来历以及智慧应对流言之法。

内容简介：牛累了一天，随口抱怨了一句，却被农场上的动物们添油加醋，最后传到了主人的耳朵里就成了背叛。主人一气之下，把牛痛斥了一顿，牛心里多么委屈呀。而另一个结局是，牛发现主人误会了自己的话后，带着主人找到小动物们，一个一个解除流言，最终化解了这场误会，获得一天休息时间。

（2）《豆蔻镇的居民和强盗》

看点推荐：豆蔻镇明亮、美丽，大象、骆驼在大街上慢腾腾地闲逛，狮子赖在家里睡懒觉，镇上的居民们从不吵架，每天生活得很快乐。最神奇的是让三个脏兮兮的强盗变成了风度翩翩、自食其力、自由快乐的好居民呢。温暖的故事充满了对生活和周围人的热爱。

内容简介：在豆蔻镇的郊外住着三个邋里邋遢的强盗，常常到镇上去偷窃面包、甜点和牛肉。一天，三个强盗竟把熟睡中的苏菲姑姑连人带床偷运到他们家里，强迫她做管家。他们在面包店里偷窃的时候，被扭送到警长那里蹲监牢。镇上的塔楼失火，他们在火灾中立功赎罪，获得释放，后来他们分别当上了消防员、面包师和马戏团班主。

2. 绘本类

（1）《不见了一只猫》

看点推荐：这是一本关于爱与陪伴的原创绘本故事。一位老人，一只黑猫，一段动人的故事，细腻优美的插画，给孩子美的启蒙与爱的教育。

内容简介：梅花奶奶是一位独居老人，她有一只黑猫，梅花奶奶走到哪儿，黑猫就跟到哪儿。不管她做什么，黑猫总是默默地陪在她身边，他们形影不离、互相依靠。因为有了黑猫的陪伴，梅花奶奶的生活变得丰富起来，快乐起来，也不再感到孤独。

（2）《秋千会》

看点推荐：美丽的七彩云南，意趣盎然的文字，精彩的民俗故事，还有自然拙朴的版画，值得一看。

内容简介：该书收录了作者吴然创作的"抢春水""满月儿""捉石蹦""玩月亮""秋千会"五篇短小散文，按照从春天到冬天的顺序讲述了大理白族的民俗、节庆、游戏和风情。该书文字与画家赵光宇的木刻版画相得益彰，展现了自然美、民俗美和风光美。翻开书，淳朴而又独具特色的民风民俗扑面而来。

3. 成长类

（1）《晴天有时下猪》

看点推荐：该书由孩子学写字的字体、有趣的简笔漫画和意想不到的故事情节构成，充满了不可思议的想象力……

内容简介：三年级学生畠山则安被妈妈偷看了日记，他很生气，就在日记本上信手写下一行字："晴天，有时下猪。"没想到，第二天天空布满黑云，黑云下面有几千万头猪，随时有可能掉下来。之后，这类的怪事不断发生！

（2）《帅猪的冒险》

看点推荐：大名鼎鼎的帅猪爱德华、松鼠TT、老狗海克托以及其他搞怪的农庄动物们上演了一个个有趣的故事。这本书不仅孩子爱读，大人也会边读边笑出声来。

内容简介：该书共有15个小故事。有帅猪爱德华的冒险经历，有它见义勇为的壮举，有它与动物朋友的友谊，有它对外来动物的亲疏态度。它既有好吃懒做、爱占小便宜、报复心重、虚荣心强的一面，也有勇敢、天真、包容的一面。总之，帅猪爱德华有人人称赞的一面，也有一些小缺点，是那么平凡，那么可爱，读着读着，你就想起身边的小伙伴！

4. 百科类

（1）《来喝水吧》

看点推荐：这本书可不是一本简单的图画书，而是语文书，是数学书，是解谜书，是地理书，是故事书，是美术书，更是环保书！这本书里包罗万象，适合不同年龄段阅读，每读一次，你都会有新的发现。

内容简介：这是一处隐秘的水洼，水的多少随着季节的变化而变化。动物们不约而同地全都来到了这里，它们只想喝饱水。为了生存，它们不争抢，不打闹，相处得和谐自然。但随着越来越多的动物过来，水洼里的水越来越少，动物们开起了水位危机的报告大会。有一天，最后一滴水枯竭了，大地干涸、寸草不生，动物们怎么办呢？

（2）《美术馆里遇到的数学》

看点推荐：统计和概率、平面和立体、收集和整理、分类和排序、整体和部分、加和减以及点、线、面、黄金比例等粗浅好玩而又实用的数学知识、数学概念，都完美地蕴藏在故事里。

内容简介：美术馆正在举行一场特别的展览"在绘画中寻找数学"，一边欣赏毕加索、马蒂斯、德加、达利的绘画作品，一边寻找其中的数学要素和数学原理，正如书中所说"不懂数学，就不能理解美术中的任何一个规则"。

5. 诗歌类

（1）《蝴蝶·豌豆花》

看点推荐：诗意的语言碰撞灵动的插画，在朗读中感知生命律动和成长之美。

内容简介：以蝴蝶和豌豆花的邂逅为引，用童真的语言勾勒自然生灵间的深情对话，传递对生命循环的纯真叩问。

（2）《打开诗的翅膀》

看点推荐：水墨插画和童年韵律完美融合，从星空露珠到校园童趣，特设的"亲子共读"互动页，童心在诗行间自由起舞。

内容简介：露珠在荷叶上写透明的诗，彩虹偷偷借走孩子的蜡笔，书包里藏着会发芽的春天……水墨动画页藏着押韵游戏，夜光星星陪着你在夜里打滚。

三年级
情节复杂，共情深化

不知不觉，孩子已经步入三年级，迎来了成长的转折期，他们的思维逐渐由直观形象思维向抽象逻辑思维过渡，阅读已不再满足于简单的故事，更倾向于探索有一定深度的内容。家长朋友如何持续激发孩子的阅读兴趣，引导三年级的孩子成为有方法、有策略的阅读者呢？我们可以这样陪伴他们：

·读到关键处停下来，预测"你觉得接下来会发生什么？为什么？"

·讨论"如果我是他，为什么会这样做"，"共情"行为背后的情感；

·鼓励改写结局或补充细节，用绘画、表演、续编让书"活"起来。

当孩子把书中的世界变成自己的"思维游乐场"，阅读就不是翻页的游戏，而是探索文本细节与创编故事的奇妙旅程！

表13-5和表13-6是三年级的必读和选读书目推荐。

表 13-5　三年级必读书目推荐

书名	作者、编者等	出版社	阅读主题
《安徒生童话精选》	安徒生	人民文学出版社	是非善恶
《中国古代寓言》	谢浩	长江文艺出版社	小故事、大道理
《伊索寓言》	伊索	人民文学出版社	小故事、大道理

表 13-6 三年级选读书目推荐

类型	书名	作者、编者等	出版社	国家	推荐亮点
童话类	《在牛肚子里旅行》	张之路	人民教育出版社	中国	故事中蕴含科学知识与个人品德
	《字的童话》	林世仁、哲也等	贵州人民出版社	中国	文字应用阅读的"桥梁书"
科学类	《酷虫学校》	吴祥敏	北京联合出版社	中国	在大笑中拓展孩子的科学视野
	《数学实验王：直就为什么能画出曲线》	吴恢銮	浙江少年儿童出版社	中国	玩中培养孩子的数感和数学思维
小说、传记类	《调皮的日子》	秦文君	春风文艺出版社	中国	以孩子的立场反观大人的世界
	《影响孩子一生的世界大科学家》	李雪松	中国宇航出版社	中国	用科学家的成功经验，为孩子打开科学之窗
儿童文学	《吹牛大王历险记》	戈·毕尔格、拉斯伯、龚勋	北京日报出版社	德国	一本介于童话和幻想故事之间的儿童文学作品
	《昆虫备忘录》	汪曾祺	长江文艺出版社	中国	轻松随意的笔调，让人忘却自己是在学习
创意写作类	《小学创意写作》（三年级上册、三年级下册）	郭学萍	江苏凤凰科学技术出版社	中国	鼓励仔细观察，大胆创新
	《统编语文教材同步创意写作》（三年级上册、三年级下册）	张祖庆	人民教育出版社	中国	配有 AI 写作助手，帮助学生生成个性化表达

必读书目推荐

1.《安徒生童话精选》

该书精选了安徒生童话故事中最为经典的 23 个故事，这些故事用奇妙无比的想象展现出了人世间的真善美，用形象生动的故事教我们分辨是与非、善与恶。书中可怜的卖火柴的小女孩儿，坚强勇敢的丑小鸭，心地善良、乐于助人的拇指姑娘，知恩图报的夜莺，性格各异的五粒豌豆，诚实守信的针线……让我们感叹童话故事里的植物、动物甚至没有生命的物品，也可以像人一样说话，有思想、有情感。在童话王国里一切皆有可能发生。

阅读指南：该书适合互动交流性阅读、思辨性阅读。

订计划：制订阅读计划，两周时间读完该书。

聊一聊：你最喜欢哪个故事中的主人公？她（他）身上有什么独特的地方吸引了你？

做一做：制作有趣的人物卡片。把你印象最深刻的人物形象做成人形卡片，把这些人物的特点讲给家人或朋友听。

辩一辩：你觉得书中不可思议的故事情节有哪些？如果让你续编或改编故事，你会怎么编？

讲一讲：声情并茂地讲一讲书中的小故事。

2.《中国古代寓言》

该书凝结了中华民族的智慧。全书共 84 个故事，有的故事讲述学习态度和方法，有的故事讲述深刻的哲理，有的故事教会孩子正确处理生活中的问题，还有的故事警示人们不要犯类似的错误。故事中的主人公大多是人物、动物和植物，故事篇幅短小，情节有趣，蕴含着深刻的道理，读后发人深省。

阅读指南：该书适合持续性阅读、互动交流性阅读。

订计划：制订阅读计划，两周时间读完该书。

读一读：结合目录，可分组阅读寓言故事。

做一做：制作寓言故事推荐卡。内容包括故事名称、故事内容和寓意。可借用表格和思维导图等形式梳理。

编一编：选三个自己最感兴趣的寓言故事，续编故事。

演一演：跟家人或朋友一起演一演喜欢的寓言故事，可以适当改编，以增加故事表演的趣味性。

3.《伊索寓言》

该书是西方寓言文学的经典之作，相传为古希腊寓言家伊索所著，汇集了民间流传的智慧故事。全书包含 300 余篇短小精悍的寓言，多以动物为主角，通过拟人化手法揭示人性弱点、处世哲学与道德准则。故事中常见对比与讽刺，语言简洁生动，寓意深刻，跨越时空仍具现实指导意义。

阅读指南：该书适合和其他寓言故事对比阅读。

比一比：翻开《中国古代寓言》和《伊索寓言》目录，对比两本书故事题目的异同。《伊索寓言》善用对比的手法，比如《北风和太阳》《兔子和乌龟》。《伊索寓言》的故事主角多是动物，《中国古代寓言》的主角多是人物。

读一读：把写相同动物的寓言故事放在一起读，思考在不同的故事中他们的性格相同吗，如在《胡闹的驴子》《驴和神像》中，驴子愚蠢，不清楚自己的位置；在《小心的驴子和聪明的狐狸》中，驴子机智，善于思考。

画一画：用漫画的形式再现故事主要情节，再继续创编故事。

写一写：摘抄寓言故事中揭示的寓意，反思日常生活中我们应该怎样做人、做事。

选读书目推荐

1. 童话类

（1）《在牛肚子里旅行》

看点推荐：作为三年级语文教材的配套阅读图书，该书采用儿童视角，故事贴近儿童生活，人物生动，巧设悬念，情节紧张，描写细腻，想象妙趣横生，阅读时孩子很容易和童话中的人物产生情感共鸣。

内容简介：该书收录了张之路的 15 篇童话，包括《太阳和阴凉儿》《彩虹》《小海螺的话》《小白船》《小转儿奇遇记》《看看谁的故事好》等，每一篇童话中都穿插着科学知识或者个人品德的培养。

（2）《字的童话》

看点推荐：这是一套让孩子从纯粹的图画阅读转向文字应用阅读的"桥梁书"。该套书通过幽默温馨的童话、个性的插图让孩子亲近汉字、了解汉字，发现汉字的变化和有趣，发展出字感、词感和语感，激发孩子识字、造句、阅读的兴趣，助力孩子由亲子阅读顺利过渡到自主阅读。

内容简介：该套书包括"字的形音义""字的化学变化""字的排队游戏""字的主题乐园""文字动物园""文字植物园""字的心情"七个主题。全套书以中国文字创意为起点，把汉字的趣味与变化，融合在有趣的童话故事中，让孩子透过童话和趣味小练习，轻松识字、造句、作文。

2. 科学类

（1）《酷虫学校》

看点推荐：该书由中国科学院昆虫专家审稿，内容如漫画一样搞笑，如冒险故事一样精彩，在哈哈大笑中拓展孩子的科学视野，培养孩子的科学素养，提高孩子的阅读能力和思维能力。

内容简介：本套书中的主角都是昆虫，从老师、校长、班长、普通同学，无一例外，全是昆虫。200多只个性鲜明的昆虫，在同一所学校上课，它们造型不同，习性不同，吃的食物不同，似乎每一只昆虫都能让孩子在身边找到原型：不苟言笑的班长，努力上进的学霸，逗趣的开心果……

（2）《数学实验王：直尺为什么能画出曲线》

看点推荐：让孩子像数学家一样探究数学。孩子透过有趣的数学实验，亲自感受数学，了解数学原理，培养数感和数学思维。孩子不仅可以读文字还可以动手做实验，数学原理变得易理解、不枯燥，让孩子记忆深刻。

内容简介：该书用小故事引出问题，激发孩子实验的好奇心，接着做实验，边玩边学，每一步都是思维过程的展示。做完实验后，孩子可以用"玩玩看"，进行自我检测，并在"知道吗"栏目进行相关知识的拓展阅读。

3. 小说、传记类

（1）《调皮的日子》

看点推荐：一位严肃的作家居然用一种"独角戏"式的语言讲儿童趣事。与通常的小捣蛋鬼的故事不同，该书的故事完全是站在捣蛋鬼的立场上来讲的。每一场捣蛋都是有理由的。从孩子的立场反观大人的世界，可笑的不是孩子，而是大人。

内容简介：一个调皮捣蛋的智多星，被寄养在姑妈家，与另一个调皮捣蛋的小傻一起生活。姑妈是个超级胖子，心地非常善良；姑夫是个牙医，是个超级瘦子，心地不坏，就是不懂孩子的心思。总拿倒数第一的林第一，胆小如鼠的张潇洒，名字听起来像小妖的蕾小娇，喜欢穿绿裙子、戴绿发夹、穿绿鞋子却不长绿手指的老师……一群人在调皮的日子里演绎天真烂漫的童年趣事。

（2）《影响孩子一生的世界大科学家》

看点推荐：很多孩子都有一个当科学家的梦想。该套书精选了在不同领域做出了杰出贡献的 6 位科学家，用他们的成长过程、生活感受、成功经验为孩子打开一扇科学之窗。

内容简介：

《居里夫人》：居里夫人发现了两种元素——钋和镭，一生获得了两次诺贝尔奖。可她将巨大的财富贡献给了全世界，连自己做研究用的 1 克镭也买不起。她伟大无私、谦虚质朴，赢得了世界人民的同情、支持和敬仰。

《爱因斯坦》：一只普通的罗盘将他引向未来世界，风雨中，爱因斯坦在寻找宇宙间的和谐，他的理论成为人类科学史的里程碑。他在生命最后的日子，郑重地提醒人们：科学是一把锋利的双刃剑。他的一生，正如他所说："人只有献身社会，才能找出那短暂而又有风险的生命真谛。"

《达尔文》：与生俱来的"离奇"和"怪异"，伴随了达尔文的童年生活。五年的远航生活，揭开了物种进化和人类起源的秘密。一生对科学的执着追求，使他认识到生命是那么神奇。学习、再学习、求索、再求索，是他一生唯一的事业和乐趣。

《诺贝尔》：诺贝尔小时候病弱的身体，却装载着攀登科学高峰的美好心灵。他凭着不屈不挠的性格，让世界在他的爆炸声中震颤。他用财富为世界工业注入了活力，他是世上罕见的不爱金钱的大富翁。相对于科学的巨大成就，他用遗嘱创立的诺贝尔奖，对人类的贡献更具意义。

《爱迪生》：爱迪生被称为"发明大王"，一生共有 3 000 多项发明，这些发明改变了我们的生活。他就像一位魔术师，把电送到每个角落，让全世界变得灯火通明，让图片上的人变得会唱会跳，让远隔千里的人们听到彼此的声音。

《牛顿》：牛顿的童年孤单又凄苦，却在小小发明中找到了无穷的乐趣。他在苹果树下的思考，揭示了万有引力定律。在告别人世前他这样评价自己：一个在海滩边玩耍的孩子，为发现一枚美丽多彩的贝壳兴奋不已，而那浩瀚无边的海洋才是未知的真理。

4. 儿童文学

（1）《吹牛大王历险记》

看点推荐：这是一本介于童话和幻想故事之间的儿童文学作品，根据 18 世纪德国男爵敏豪森讲的故事编写而成。书中的故事荒诞离奇、风趣幽默，其夸张的情节和丰富的想象力让人难以置信却又浮想联翩。

内容简介：敏豪森男爵是一个快乐的冒险家，也是一个吹牛大王。他可以利用眼睛冒出的火星打野鸡、骑着炮弹飞行、在鲸鱼胃里跳舞、乘船去月亮旅行等。

2.《昆虫备忘录》

看点推荐：轻松随意的笔调，让人忘却自己是在学习，仿佛有人在与你聊天一般。描述昆虫的外形和动作的词句，生动形象，有画面感。语言质朴简练，意味浓厚，有的让人读出高雅、读出喜欢，有的则让人感觉"顶讨厌"。

内容简介：该书精选了汪曾祺先生的经典散文和部分小说代表作，分为《草木虫鱼鸟兽》和《故乡人 故乡事》两辑。散文以描写自然界的花鸟虫鱼类为主，小说则描写故乡人和故乡事。

5. 创意写作类

（1）《小学创意写作》（三年级上册、三年级下册）

看点推荐：与小学语文统编教材同步，紧扣单元习作主题，能很好地辅助学生完成教材中的写作任务。书中通过"诗画的天空""阅读体验馆"等七大板块，由浅入深地逐步引导学生学习写作方法，易于理解和掌握。写作主题如人物素描、走进童话的森林等，更贴近儿童生活和兴趣，趣味性较强，能够激发学生的写作灵感。

内容简介：该书三年级上册写作主题包括人物素描、走进童话的森林、我们眼中的缤纷世界等，更贴近儿童生活和兴趣，趣味性较强，能够激发学生的写作灵感，侧重于培养学生的观察力和想象力。例如，在描写人物的单元中，引导学生观察人物的外表、语言、动作等细节，并用生动的语言描述出来；在童话单元中，鼓励学生发挥想象力，编写有趣的童话故事情节。

该书三年级下册更注重学生叙事能力和表达能力的提升，让学生能够写出内容较具体、结构完整的片段和短文。比如，在写植物的单元中，让学生观察植物的生长过程、特点等，然后有条理地叙述出来；在想象作文单元中，通过一些科幻故事和想象作文的练习，让学生学会如何构思故事，如何运用语言表达自己的想法和感受。

（2）《统编语文教材同步创意写作》（三年级上册、三年级下册）

看点推荐：该书深度契合统编语文教材单元习作要求，采用"任务驱动+过程指导"双线设计，帮助学生轻松突破写作难点。独创"写作任务卡""思维导图工具箱""同龄佳作展"等六大板块，以可视化思维工具引导学生从素材积累、结构搭建到语言润色全过程。该书设置了如"家庭故事屋""自然放大镜""未来畅想家"等充满童趣的主题，紧密结合校园生活与成长体验，能有效唤醒学生的表达欲望。

内容简介：该书三年级上册侧重培养学生的基础写作思维，通过生活化主题激发创作热情。例如"家庭故事屋"单元引导学生用"五感观察法"捕捉家人特点，借助漫画分镜图编写亲子趣事；"自然放大镜"单元结合科学观察笔记形式，指导学生用比喻链描写秋叶变色过程，并创作"蒲公英旅行日记"等拟人化故事。

该书三年级下册着力提升叙事逻辑与创意延展能力，设置阶梯式训练模块。如"节日万花筒"单元通过时间轴图表梳理春节活动，运用"慢镜头描写法"还原包饺子场景；"奇思妙想岛"单元提供科幻元素库，鼓励学生用"问题解决式结构"设计未来书包，并撰写太空探险剧本。

四年级
逻辑进阶，主题探索

四年级的课外阅读之旅即将开启！在这个旅程中，孩子将带着"预测与猜读""批注与笔记""联结与拓展"等阅读方法从泛读过渡到精读，用逻辑的放大镜去分析因果，用思辨的钥匙去解开谜题，开始高阶阅读思维的培养。

孩子将通过主题阅读，遇见古老神话中的英雄和神灵，感受他们的勇气和智慧；将走进科学的世界，去发现大自然的奥秘和科学的魅力；将陪伴故事中同龄主人公一起成长，感受他们的喜怒哀乐，学会面对生活中的挑战。当然，孩子还会遇见美丽的诗歌，它们像音乐一样动听，像画一样美丽。

特别值得一提的是四年级的科普阅读，其不仅是知识的积累，更是思维的启蒙。孩子需要在家长的帮助下掌握"提出问题–验证答案–拓展应用"的闭环阅读能力，让阅读变得高效。让我们一起陪伴孩子，在科学的海洋中乘风破浪。让每一次阅读成为新的冒险，让每一次翻页带来收获的惊喜！

表13-7和表13-8是四年级的必读和选读书目推荐。

表 13-7　四年级必读书目推荐

书名	作者、编者等	出版社	阅读主题
《中国神话传说》	聂作平	春风文艺出版社	感受神奇的想象
《小学生丰子恺读本》	楼书建	浙江少年儿童出版社	童真童趣
《十万个为什么》	韩启德	少年儿童出版社	科学启蒙

表 13-8　四年级选读书目推荐

类型	书名	作者、编者等	出版社	国家	推荐亮点
故事类	《狼王梦》	沈石溪	浙江少年儿童出版社	中国	爱与生命，成长与梦想
	《王尔德童话》	王尔德	天地出版社	英国	爱的哲思
诗歌类	《繁星·春水》	冰心	人民文学出版社	中国	对母爱、自然、童真的讴歌
	《世界金典儿童诗集：中国卷》	谭旭东、韦苇	福建少年儿童出版社	中国	用诗意的语言滋养童心
传统文化	《宋词一百首》	韩兴娥、陈琴	齐鲁书社	中国	经典诵读
	《山海经》	周明	人民文学出版社	中国	古代神话的神奇想象

表13-8（续）

类型	书名	作者、编者等	出版社	国家	推荐亮点
成长类	《宝葫芦的秘密》	张天翼	吉林大学出版社	中国	如何获得真正荣耀与幸福
	《亲爱的汉修先生》	贝芙莉·克莱瑞	天津出版传媒集团	美国	理解生活与成长
百科类	《少年读徐霞客游记》	刘兴诗	青岛出版社	中国	在游记中感受地理科学知识的乐趣
	《乌拉波拉故事集》	柏吉尔	中国青年出版社	德国	留心生活中的自然科学知识

必读书目推荐

1.《中国神话传说》

该书由编者从精彩纷呈的中国古代神话传说故事中精选了一部分家喻户晓的经典故事集结而成。该书既让孩子在有趣的故事中亲近古代先民留下的灿烂文化，同时向孩子展现了古人对天地万物天真、朴素、真诚、美好的神奇想象，进而激发孩子丰富的想象。

阅读指南：该书适合孩子开展想象阅读。

读一读：建议孩子默读故事，可以对故事中自己觉得很神奇的地方进行勾画、批注。

讲一讲：读完故事，可以请孩子结合自己觉得神奇的地方，讲一讲这个故事。

说一说：结合故事，说说从主人公身上感受到什么品质？从故事中获得了什么启发？

2.《小学生丰子恺读本》

这本精选集汇聚了丰子恺先生描绘童年趣事、自然万物与生活哲理的散文和漫画。他用一颗纯真的"赤子之心"和充满童趣的笔触，带我们走进一个充满温情、幽默与智慧的世界。孩子不仅能感受到生活的点滴美好与趣味，更能启发他们观察生活、热爱自然、珍视纯真。

阅读指南： 该书适合品悟阅读。

读故事：孩子可以挑选自己感兴趣的文章或漫画，每天轻松阅读几篇。

讲故事：读完后，孩子和家人或小伙伴分享读到的最有意思的小故事、小场景或最打动自己的漫画。孩子说说丰子恺爷爷笔下的小动物、小孩子为什么那么可爱？

品生活：我们怎样才能像丰子恺爷爷那样，发现平凡生活中的美好、趣味和温暖？如何保持一颗善于观察和感受的"童心"？

3.《十万个为什么》

这是一部面向青少年的科普读物。书中通过问答形式，涵盖了自然科学、人文历史、生活常识等多个领域的知识，旨在激发读者的好奇心与探索精神。内容深入浅出，语言生动有趣，帮助读者在轻松阅读中获取科学知识，激发对科学的兴趣，培养科学思维。

阅读指南： 该书适合开展实践阅读。

读一读：孩子可以根据自己感兴趣的内容开展精读和泛读，了解藏在生活中的科学知识，激发孩子对科学的兴趣，留心对生活的观察。

做一做：孩子可以选择自己感兴趣的内容，尝试进行拓展实验，培养孩子的探究能力和动手能力。

比一比：孩子也可以跟自己的家人、同伴在共同阅读后进行科学知识竞赛，增强阅读的趣味和动力。

选读书目推荐

1. 故事类

（1）《狼王梦》

看点推荐：与通常以人作为主人公的小说不同，该书以狼的视角向我们展示了一个关于爱和生命、成长与梦想的故事，更能激发孩子的阅读兴趣，同时带给孩子成长的力量。

内容简介：母狼紫岚有一个夙愿——把自己的后代培养成狼王。虽然它穷尽一生精力，但是还未能成功。从培养自己的四个儿子，到将希望寄托在自己的孙子身上，再到为了保护自己狼孙的安全，选择与金雕同归于尽，她一生都在追逐一个梦，虽然失败了，却给我们留下深深的思考。

（2）《王尔德童话》

看点推荐：该书情节生动有趣，富有吸引力；语言优美华丽，给孩子很好的语言示范；想象奇特，激发孩子丰富的想象；内涵丰富，启迪孩子思考。

内容简介：该书共收录了王尔德的《快乐王子》《忠实的朋友》《星孩儿》《夜莺与玫瑰》等9篇童话，故事充满爱意和智慧，蕴含着作者的哲思，表达了作者对真善美的颂扬与追求。

2. 诗歌类

（1）《繁星·春水》

看点推荐：诗集文字优美，语言淡雅，让孩子感受到诗歌语言的音韵美。同时，诗集中的情感纯粹而深厚，无论是对母亲的爱，对童年的眷恋，还是对大自然的赞美，都能让四年级的孩子产生共鸣。那些关于人生的思考，可以启发孩子去观察生活、思考问题，能从诗中汲取力量和智慧。

内容简介：该书是诗人冰心的诗集合集。诗集内容包含三大主题：一是歌颂温暖的母爱，描写儿童的天真烂漫；二是描绘星辰、大海、花草、风雨等自然现象，展现对生命的观察和热爱；三是用简单的意象传递对人生的思考和感悟。

（2）《世界金典儿童诗集：中国卷》

看点推荐：儿童的语言是诗的语言，优美的童诗最能滋养儿童的语言与心灵。童诗犹如繁星散落在浩瀚的文学海洋中，而这本诗集将繁星汇聚起来，照亮孩子的天空。

内容简介：诗集是由著名诗人、翻译家韦苇先生与新锐儿童文学批评家、青年学者谭旭东先生合作主编。诗集包含"享受笑着的阳光""在大自然的怀抱里""种下爱的花朵""唱响四季的歌谣""在童话的脚印里""倾听小河大海的鼾声""快乐的生活""小鸟读书"等章节，带领孩子用诗的眼睛、诗的耳朵、诗的心灵、诗的情态去感受生活，感受自然，让孩子永葆心灵的清纯和灵动。

3. 传统文化类

（1）《宋词一百首》

看点推荐：宋词是我国文学史中的璀璨明珠，《宋词一百首》精选经典词作，带领四年级学生感受宋词的韵律之美与生动画面。学生在诵读中感受古典文学的魅力，在潜移默化中传承中华优秀传统文化。

内容简介：该书共选取了适合本年龄段学生诵读的经典词作 100 首。为帮助学生更好地理解学习，该书设置了译文、作者、知识链接等栏目。学生通过诵读，可以增加对祖国优秀传统文化的理解与积累。

（2）《山海经》

看点推荐：《山海经》是一部内容丰富、风貌奇特的古代佳作，堪称中国奇幻、魔幻文学的开山鼻祖。里面有人面的兽、九头的蛇、三脚的鸟、生着翅膀的人，与我们的生活大相径庭。一旦翻开它，孩子的好奇心和探索精神必被激发。开天辟地的盘古、炼石补天的女娲、坚韧不拔的精卫、英勇无畏的后羿都将在《山海经》中与孩子相遇！阅读《山海经》可以增长知识，了解中国古代神话传说和文化。

内容简介：该书分为山经、海经、大荒经三个部分。该书选择《山海经》中代表性篇目，涉及历史、地理、民族、宗教、神话、生物、水利、矿产等方面内容，是中国文化的珍品，是中国古人想象力的集中体现。

4. 成长类

（1）《宝葫芦的秘密》

看点推荐：宝葫芦真的是个"宝"？宝葫芦能实现孩子不劳而获这一天真的愿望，比如获得别人的尊敬与崇拜，获得荣耀与光彩，获得成就与幸福。但这样得来的尊敬、荣耀、成就真的能让我们幸福吗？让我们一起走进书本，去探寻创造美好生活的奥秘。

内容简介：主人公王葆渴望得到一个奶奶口中无所不能的宝葫芦。后来他真的得到了一个，并用它解决自己在学习和生活中遇到的各种各样的困难与烦恼。但是在这些烦恼与困难被解决的同时，新的困难与烦恼又来了。

（2）《亲爱的汉修先生》

看点推荐：成长发生在生活的细节之处。雷伊在与汉修先生的书信往来中获得成长，理解生活中的不如意。阅读该书，可与雷伊一起感同身受，获得成长的力量。

内容简介：主人公雷伊在小学二年级时，通过一本课外书，结识了该书的作者汉修先生，他们以书信的方式保持着联系。在书信的往来中，雷伊敞开了自己的心扉，慢慢学会了理解生活中的不如意，诸如父母的离异、内心的孤独等，并且他也在这个过程中练就了好的文笔，一个作家梦由此在心中萌发。

5. 百科类

（1）《少年读徐霞客游记》

看点推荐：读万卷书，行万里路。刘兴诗是一名地质学教授、科普作家，他用风趣的语言，向我们再现了徐霞客当年游历祖国大好河山的过程，介绍了许多有趣的地理科学知识，让读者感受到徐霞客身上可贵的精神。

内容简介：这套书共三本，分别为《出发，徐霞客》《山川河流会说话》《日记里的大自然》，以讲故事的方式再现了我国历史上著名地理学家徐霞客的个人旅行经历，同时介绍了旅行过程中相关的地理知识。

（2）《乌拉波拉故事集》

看点推荐：脾气古怪而又学识渊博的乌拉波拉老博士眼中的世界和我们看到的世界不一样！我们眼中的平常之物，在他的慧眼之下，有了精彩的故事。原来，世界很精彩，科学也可以很有趣。

内容简介：该书以童话的形式向我们介绍了各种各样的自然科学常识。全书一共包含 15 个有趣的故事。作者展开丰富的想象，运用拟人、夸张等方法，让科学知识变得生动有趣。

五年级
执卷探秘，书海星辰

亲爱的孩子，你是否想穿越时空，与三国人物对话？是否想走入故宫，揭开神秘宝藏的面纱？是否想化身侦探，破解扑朔迷离的谜题？阅读，就是一场永不停歇的探索！五年级的你，已经拥有了独立探索的勇气和智慧，每本书都是一扇任意门，而钥匙就在你手中。愿你在字里行间，遇见更辽阔的星辰大海！

表 13-9 和表 13-10 是五年级的必读和选读书目推荐。

表 13-9　五年级必读书目推荐

书名	作者、编者等	出版社	阅读主题
《中国民间故事》	李建树、孙侃	浙江少年儿童出版社	民间文化
《西游记》	吴承恩	人民文学出版社	历史智慧
《新编小学生必背小古文 100 篇》	杨雨	湖南少年儿童出版社	传统文化

表 13-10　五年级选读书目推荐

类型	书名	作者、编者等	出版社	国家	推荐亮点
文学类	《呼兰河传》	萧红	中国少年儿童出版社	中国	感受成长之力
	《鸟的天堂》	巴金	长江文艺出版社	中国	热爱生活
红色经典类	《可爱的中国》	方志敏	人民文学出版社	中国	爱国华章
	《小兵张嘎》	徐光耀	人民文学出版社	中国	爱国主义
人文类	《带你看故宫》	乔鲁京	人民文学出版社	中国	感受绘画、艺术、建筑和文化魅力
	《我是中国的孩子》	胡鑫等	新世纪出版社	中国	了解多元民族文化
小说类	《城南旧事》	林海音	人民文学出版社	中国	老北京风光和人间烟火气
	《俗世奇人》	冯骥才	人民文学出版社	中国	奇人异事，人性百态
科普、科幻类	《动物素描》	布封	团结出版社	法国	热爱生命，传递环保
	《流浪的地球》	刘慈欣	浙江教育出版社	中国	少年科幻，积极阳光

必读书目推荐

1.《中国民间故事》

这本书汇集了中华民族千百年来流传下来的经典民间故事，像"牛郎织女""白蛇传""田螺姑娘""九色鹿""阿诗玛"等。这些故事充满了神奇的想象、美好的情感和朴素的智慧。孩子不仅能感受到故事中展现的真善美，更能从中理解我们民族勤劳、善良、勇敢、智慧等宝贵品质。

阅读指南：该书适合品悟阅读。

读一读：孩子可以挑选自己感兴趣的故事，每天阅读一到两个。阅读过程中，孩子可特别关注那些让自己觉得神奇、有趣、感动或印象深刻的情节和人物（比如：仙女下凡帮助凡人、动物开口说话、主人公克服重重困难、智慧人物巧妙解决问题等），感受故事中传递的美好愿望和朴素道理。

讲一讲：读完后，孩子选择最喜欢的一个故事，讲给家人或小伙伴听。孩子可以分享——故事中最打动自己的地方是什么？哪个情节最神奇有趣？哪个角色最让自己敬佩或喜欢？故事蕴含了什么道理？例如，孩子分享"田螺姑娘"中勤劳带来的好运，"九色鹿"中忘恩负义的下场，"阿诗玛"中对美好生活的追求等。孩子还可以讲述故事体现了人们哪些美好的愿望和品质。

品一品：家长引导孩子体会这些民间故事中蕴含的深刻智慧、美好情感和道德观念。孩子回答：在生活中看到过故事里赞美或批评的行为吗？故事中传递的道理（如勤劳、善良、诚信、感恩、勇敢），对自己有什么启发？

想一想：为什么这些古老的故事能一直流传到现在？它们对我们今天的生活还有意义吗？我们应该如何学习故事中那些美好的品质？

2.《西游记》

《西游记》是中国四大名著之一，由明代作家吴承恩创作，是一部以"玄奘西行取经"为蓝本的长篇神魔小说。全书共一百回，以浪漫主义手法描绘了唐僧师徒四人历经艰险、降妖伏魔、取得真经的传奇故事。《西游记》自问世以来被译为多国文字，被誉为"东方奇幻文学的巅峰"。

阅读指南：该书适合思辨阅读。

读一读：按章节顺序通读，关注主线故事（如"三打白骨精""三借芭蕉扇"），体会情节的奇幻与幽默。

画一画：梳理故事情节，绘制取经路线图。

搜一搜：查阅作者与作品相关的资料和时代背景，深入挖掘作品要表达的内涵。

想一想：该书结构非常巧妙，因果循环，丝丝相扣，寓意深刻，绝不只是长篇神魔小说和打妖怪那么肤浅。孩子可结合书中内容和故事情节，想想还有没有其他的发现。

3.《新编小学生必背小古文 100 篇》

古文是我国传统文化之魂，该书共选取了适合本年段学生诵读的经典古文 100 篇。书中包括小学课内必背小古文、课外必背小古文、课外拓展小古文。学生通过诵读，可以拓宽眼界、开阔胸襟、提升文化素养，树立民族自信心和自豪感。真正做到古为今用，有助于对祖国优秀传统文化的理解与积累。

阅读指南：该书适合积累性诵读。

听一听：扫码即听，听示范朗读，初知朗读节奏和韵味。

读一读：借助书本上的拼音，孩子可以自己读准字音、读好节奏。

查一查：结合每篇古文所给的注释译文，大概了解每篇古文所讲的意思以及与之相关联的故事。能结合自己的一些疑问之处查阅资料，进一步了解古文传递的思想。

背一背：在熟读理解的基础上，选择经典篇目进行背诵。

选读书目推荐

1. 文学类

（1）《呼兰河传》

看点推荐：该书被茅盾誉为"一篇叙事诗，一幅多彩的风土画，一串凄婉的歌谣"。让孩子品味语言之妙，感受成长之力。

内容简介：该书创作于抗日战争时期，作者萧红以自己的家乡与童年生活为原型，用淡泊的语气和包容的心态叙说了家乡的种种，将一片片记忆的碎片摆出来，回味那份独属于童年、独属于乡土的气息。

（2）《鸟的天堂》

看点推荐：该书向我们呈现了人与自然的最美画面。书中的文章有动有静，动静结合；有情有景，情景交融；有声有色，声色兼美。每篇文章都值得细读慢品。

内容简介：该书是散文集，整本书共分为四辑，精选了 31 篇巴金先生的散文名篇。这些散文记录了这位百岁老人的所思所想和生活踪迹，或追忆往昔古人旧事，或伤悼民族苦难，或坚守理想信念，至情至性，饱含着对这个世界深沉的爱与思索。

2. 红色经典类

（1）《可爱的中国》

看点推荐：1935 年方志敏烈士在狱中的遗稿集成——《可爱的中国》。方志敏在铁窗之下，在锁链镣铐捆绑着手脚的情况下，仍然不忘系于心头的祖国的命运，用生命呐喊出对祖国的挚爱："如果我还能存活，我生命的每一天是为了可爱的中国；如果我即将离去，我流血的地方会开出圣洁的花朵。"

内容简介：这本书是方志敏用鲜血写就的爱国华章，在真挚动人的文字里我们可以触摸到作者炽热的心跳和他的灵魂，作者以亲身经历概括了中国从五四运动到第二次国内革命战争的悲惨历史，愤怒地控诉了帝国主义肆意欺侮中国人民的种种罪行，呼吁国人站起来保卫中国，表达了自己对祖国的热爱，描绘了中国未来的光明前景，向我们展示了"可爱的中国"。

（2）《小兵张嘎》

看点推荐：该书以真实历史为底色，通过鲜活的人物和生动的故事，讲述了抗日烽火中少年嘎子的蜕变传奇。该书既是一部充满童趣的成长小说，也是一曲讴歌民族精神的抗战史诗。其艺术魅力源于对战争中小人物命运的细腻刻画，以及对爱国主义主题的深刻诠释，值得反复品读。

内容简介：该书是作家徐光耀创作的一部经典儿童文学作品，以抗日战争时期冀中白洋淀为背景，讲述了少年张嘎从普通农村孩子成长为八路军小侦察员的历程。张嘎与奶奶相依为命，因奶奶为掩护八路军侦察连长钟亮（老钟叔）牺牲，他踏上复仇与救人的道路。加入八路军后，他凭借机灵勇敢的性格，参与侦察、缴获武器，并在战斗中逐渐磨砺出坚韧的意志，最终成长为一名合格的战士。

3. 人文类

（1）《带你看故宫》

看点推荐：该书通过一对父女的视角，讲述了与故宫相关的历史文化知识，在和孩子共同阅读时也能从故宫的建筑特点、名称和用途等多个维度鼓励孩子去探索发现。

内容简介：该书以水彩风格绘本的方式呈现故宫的故事，穿越绘本的美丽，走进真正的故宫，让孩子感受绘画、艺术、建筑和文化的魅力。故宫是我们民族文化的一条命脉。一砖一瓦，一门一钉，每根梁柱，每一件建筑，都有说不完的故事，体现着伟大的工匠精神。

（2）《我是中国的孩子》

看点推荐：该书以童真视角破解文化隔阂，既是民族文化的"纸上博物馆"，也是儿童成长的"心灵启示录"。书中既有放学后的游戏，也有独特的节庆仪式，既有孩子对现代科技的好奇，也有对传统技艺的坚守，故事真实如邻家孩童，文化厚重如史诗长卷，教育深刻如无声春雨。

内容简介：该书是由简小军、任怡筱等多位作者共同创作的民族题材儿童文学作品，改编自同名纪录片，以中国各民族儿童的成长故事为核心，通过生动有趣的叙事展现多元文化交融的图景。每册聚焦一个民族的孩子，记录他们的日常生活、传统习俗、成长烦恼与理想追求，旨在帮助青少年理解文化的多样性，培养对民族文化的尊重与认同。

4. 小说类

（1）《城南旧事》

看点推荐：旧事同花落，人情逐流水。愿你历经沧桑，内心安然无恙。在《城南旧事》这本书里，作者从一个孩子的视角，向我们讲述了发生在老北京里那些悲欢离合的故事，告诉我们该怎样去面对人生的得失。

内容简介：该书透过主人公英子童稚的双眼观看大人世界的喜怒哀乐、悲欢离合，将老北京风光、市井烟火融入字里行间，作者的童年通过文字被永存于心，在记忆的长河久久回响。

（2）《俗世奇人》

看点推荐：该书是一部兼具文学性、趣味性与思想深度的经典之作，书中具有鲜活的人物群像与传奇故事，拥有语言与文化的双重魅力。它不仅是天津卫市井文化的百科全书，更通过奇人异事展现了人性的复杂与社会的百态。

内容简介：该书是作家冯骥才创作的短篇小说集，以清末民初天津卫的市井生活为背景，通过一系列独立成篇的故事，描绘了社会底层各类身怀绝技的奇人异士。作品聚焦天津卫的市井文化，通过"刷子李""泥人张""苏七块"等角色，展现民间技艺、江湖规矩与人性百态。

5. 科普、科幻类

（1）《动物素描》

看点推荐：该书的作者是布封，他是 18 世纪法国博物学家，从小热爱自然科学，后来又担任法国的皇家御花园和御书房总管，经营一个花鸟虫鱼、奇树异草的世界。字里行间向孩子传递环保的理念，对生命的热爱。

内容简介：该书有四个板块，分别是家畜、野兽、异兽、珍禽，另有一个补编板块。该书不仅介绍了动物的外貌特点和生活习性，还有作者对于每一种动物所具有的独一无二的性情和内在品质的精辟阐述，蕴含着作者对动物和大自然极为热爱的深沉情感。

（2）《流浪的地球》

看点推荐：少年科幻小说充满积极乐观的精神，"银火箭"里有不少有趣的发明创造，其中很多已经实现了，有一些也很快会变成现实，通过阅读少年科幻小说，孩子们的想象会更加丰富，成长会更加阳光。

内容简介：该书主要讲述了太阳即将变成红巨星，毁灭全太阳系里的行星，人类启动庞大的地球逃脱计划，在地球的一侧安装上发动机，想方设法把地球变成移民方舟，逃离太阳系，寻找新家园。

六年级
批判整合，价值重构

"一千个读者就有一千个哈姆雷特"，同一段文字，有人看见勇气的锋芒，有人触摸孤独的轮廓，而这正是阅读最迷人的地方。六年级的孩子，在小学的最后一程，阅读将不再是简单的"看故事"，而是一场唤醒思考、重组认知的成长仪式——当读到"正义必胜"的结局，不妨多问一句：如果角色互换呢？当作者抛出观点时，试着用其他书中的案例与之对话。不必追求"标准答案"，但要学会用证据支撑思考；不必急于定论，但要在矛盾中磨砺判断力。记住，真正的阅读进阶，在于将不同文本锻造成思维拼图，在观点的碰撞中淬炼出独立判断的火焰。

表 13-11 和表 13-12 是六年级的必读和选读书目推荐。

表 13-11　六年级必读书目推荐

书名	作者、编者等	出版社	阅读主题
《三国演义》	罗贯中	人民教育出版社	思辨型阅读
《小英雄雨来》	管桦	人民文学出版社	实践性阅读
《骑鹅旅行记》	塞尔玛·拉格诺芙	人民文学出版社	自主阅读

表 13-12　六年级选读书目推荐

类型	书名	作者、编者等	出版社	国家	推荐亮点
小说类	《故乡》	鲁迅	中国青年出版社	中国	反封建压迫
	《少年冒险王》	彭绪洛	大连出版社	中国	儿童视角看世界
历史类	《上下五千年》	林汉达、曹余章	中国少年儿童出版社	中国	中国历史我知道
	《写给儿童的中国历史》	陈卫平	新世界出版社	中国	99 个精彩历史故事
散文类	《我与地坛》	史铁生	人民文学出版社	中国	生命教育
	《我们的母亲叫中国》	苏叔阳	长江少年儿童出版社	中国	生生不息的民族之魂
综合类	《叶永烈讲述科学家故事 100 个》	叶永烈	长江少年儿童出版社	中国	科学家的励志故事
	《诺贝尔奖获得者与儿童对话》	施蒂克尔	生活·读书·新知三联书店	德国	一部独特科普读物
文言类	《世说新语》	刘义庆	南方出版社	中国	魏晋名士贵族的言谈轶事
	《论语》	孔丘	江西人民出版社	中国	体悟做人智慧

必读书目推荐

1.《三国演义》

《三国演义》的作者是罗贯中，这是中国第一部长篇章回体历史演义小说，以描写战争为主，主要描写了东汉末年至西晋统一全国这段历史时期，以曹操、刘备、孙权为首的魏、蜀、吴三个政治军事集团之间的斗争。故事源起汉灵帝年间刘备、关羽、张飞桃园结义，描述了东汉末年和三国时期近百年发生的重大历史事件，塑造了众多叱咤风云的英雄人物……滚滚长江东逝水，浪花淘尽英雄，是非成败转头空，青山依旧在，几度夕阳红，白发渔樵江渚上，惯看秋月春风，一壶浊酒喜相逢，古今多少事，都付笑谈中。书中既有扣人心弦的情节，也有兵法韬略，向我们展示了一幅逐鹿争雄的历史画卷！

阅读指南：该书适合思辨阅读。

读一读：初知全书概貌，制订阅读计划。整本书的阅读，首先要做到通读全书，在短时间内了解三国故事的概貌，梳理出故事情节的大致发展脉络。在通读时，可以重点运用目录阅读法，制订阅读计划，循序渐进展开阅读。

想一想：《三国演义》中猛将、谋臣不计其数，人物性格各有不同，在阅读时，小读者们要善于总结重要人物的性格特点，分析同类人物之间的相似和不同之处。小读者们或为喜欢的人物制作一张"名片"，或设计人物英雄榜，上榜理由在文中仔细寻找，有理有据让人一目了然。

画一画：运用思维导图，厘清复杂关系。《三国演义》中记叙的事件复杂，头绪纷繁，由东汉一分为三——魏、蜀、吴，又三合为一成西晋，在这"一分为三，三合为一"的叙事中，抓住三国矛盾斗争的主线，绘制魏、蜀、吴三国关系的思维导图，厘清重点人物的关联。

查一查：关注著名战役，了解作战过程。查找相关战役的更多历史资料，让自己知其然，还知其所以然。

议一议：知晓三国兵器，增长知识见闻。三国演义中，十八般兵器，除凤翅镏金镋、飞爪等未曾提到，其余全部登场！说一说兵器和人物之间的关系，不同人物使用的兵器有何与众不同的特点。

2.《小英雄雨来》

该书主要讲述了抗日战争时期，晋察冀边区的小雨来积极地参与抗日战争，与敌人斗智斗勇的故事。这个故事告诉小朋友们，要向小雨来学习，热爱祖国，热爱家乡，还要有勇敢地面对生活中挫折与困难的决心和勇气。

阅读指南：该书适合实践阅读。

读一读：孩子有目的地阅读整本书，了解故事内容，在整本书阅读的过程中孩子能够长久地浸润于优美的文字当中。

记一记：在阅读本书的过程中，孩子用自己喜欢的方式把好词好句积累下来，并学习书中的描写方法，从而习得新的语言经验。

演一演：在排演剧本的过程中，孩子能用语言和同伴进行有效的交流沟通。

说一说：给家人说一说故事内容，可以在讲述情节的过程中，培养自己的逻辑思维；可以在分析情节的过程中，培养自己的辩证思维。

3.《骑鹅旅行记》

该书主要讲述了一个叫尼尔斯的小男孩，不爱学习，爱捉弄小动物，受到惩罚变得只有拇指大小，骑着鹅周游各地，历经磨难，并渐渐改正缺点，最后变成了一位勇敢智慧的小英雄的故事。这个故事告诉了我们一个发人深省的道理：人要有爱心。有了爱心，一切都将变得美好。

该书是世界文学史上第一部，也是唯一一部获得诺贝尔文学奖的童话作品。

阅读指南：该书适合孩子自主阅读。

画一画：放一张瑞典旅游地图在旁边，跟随着尼尔斯的脚步一起来开启一场瑞典全境游吧，你可以在尼尔斯到过的地方标上小红旗。

想一想：尼尔斯骑鹅旅行所到之处，你印象最深的是哪个地方？为什么？你可以在地图上画一画这个地方。

绘一绘：该书中，尼尔斯跟很多动物都成为朋友，他们都有自己的个性：大雁阿卡、大白鹅莫顿、老鹰高尔果……你最想与哪个小动物为伴呢？请你绘制一下与小动物交友的名片吧。

```
                        小动物交友名片
小动物名字：_____

小动物个性：_____

小动物形象：_____

为何愿意和他/她成为朋友：_____

_____
```

选读书目推荐

1. 小说类

（1）《故乡》

看点推荐：鲁迅先生在这部小说里描写了两个故乡——一个是过去的故乡，另一个是现在的故乡。过去的故乡以闰土为中心，借这个充满活力的质朴少年，写出小时候他所神往的境地：深蓝的天空中挂着一轮金黄的圆月，下面是海边的沙地，都种着一望无际的碧绿的西瓜，其间有一个十一二岁的少年，项戴银圈，手捏一柄钢叉，向一猹尽力地刺去……

鲁迅先生还重点描述了"豆腐西施"的变化，无论是闰土还是"豆腐西施"，他们都在生活的重压之下，变得衰老、拘谨。是什么导致了他们的变化？人们为了生存而失去了自己灵魂的生活，时间的飞逝、生存的欲望，都使他们从一个可爱聪明的孩子变成一个衰老拘谨的人。

内容简介：该书以"我"回乡迁居的见闻为线索，通过描绘幼年时期的闰土和中年时期的闰土，以及回忆中的故乡与现在的故乡的变化，反映了农民生活的艰苦和封建社会的破败，表达了作者渴望改造旧社会的强烈愿望。

（2）《少年冒险王》

看点推荐：跟着"少年探险队"用脚步丈量中国，在冒险中收获知识、友情与成长！故事不仅展现了惊险刺激的探险旅程，更巧妙融入了地理知识、野外生存技能和团队协作精神。孩子们在阅读中既能感受破解谜题的成就感，也能领悟保护自然、尊重文化传承的重要意义。书中场景贴近中国孩子的日常生活，语言生动幽默，章节短小精悍，让小读者轻松沉浸其中，开启一场知识与勇气的成长之旅。

内容简介：该书是中国著名儿童文学作家、探险家彭绪洛创作的少年探险系列小说。书中四位少年——机智勇敢的队长小川、知识丰富的学霸小岚、身手敏捷的运动达人阿飞和细心善良的"后勤专家"米米，组成了一支独特的探险队。他们以中国本土为舞台，深入罗布泊沙漠、神农架原始森林、雪山秘境、古老村落等真实场景，直面自然挑战，解开尘封的历史谜团与神秘传说。

2. 历史类

（1）《上下五千年》

看点推荐：这套书通过重大事件与人物，展现中华文明的演进脉络，强调民族精神与文化传承。通过文字，使得原本在历史中显得陌生而模糊的人物一个个变得鲜活起来，令人读后回味无穷。

内容简介：该书以中华五千年文明史为主线，从上古神话、夏商周三代，延续至清朝鸦片战争。每个章节独立成篇，语言通俗生动，结合插图、文物图片和成语故事，兼顾趣味性与知识性。

（2）《写给儿童的中国历史》

看点推荐：这套书不仅有鲜活的插画，精美的彩图和珍贵文物照片，让人身临其境，还结合了小朋友的实际生活经验来描述，用生动的语言讲述着中国历史上影响后代最深远的人物和事件。让孩子在故事中理解历史因果，在插图中感受文明脉络，最终形成"以史为鉴"的思考能力。

内容简介：这套书一共分为 14 册，作家陈卫平通过 99 个精彩历史故事和上千幅插画串联起盘古开天地到近现代新中国成立的历史脉络。通过鲜活的人物形象（如盘古开天、秦皇汉武等）、严谨考据的插画（还原服饰、建筑等细节），结合"说来听听"互动专栏，引导孩子思考历史与生活的关联，培养多元视角。

3. 散文类

（1）《我与地坛》

看点推荐：该书是作者史铁生在荒芜的地坛公园，与心灵与万物与命运的对话。作者描写患病后心态的变化，母亲在世的时候，他并不理解母亲，而在母亲逝世后，他在悔恨中理解一个母亲的角色定位。

内容简介：该书分为三个部分，第一部分为作者在双腿残废后常独自跑去地坛，以及作者在地坛中领会到的人生感悟；第二部分为作者对已逝世的母亲怀有无尽的后悔与怀念；第三部分为作者与地坛不可分割的情感。

（2）《我们的母亲叫中国》

看点推荐：该书通过 12 章的内容，不仅为读者勾勒出中华民族的轮廓，而且独具匠心地再现了薪火相传、生生不息的民族之魂。

内容简介：该书是作者苏叔阳以史学家、思想家的眼光，以文学家的手法写就的文化散文。全书共 12 章，内容包括祖国的自然史、朝代史、气候物产、地理地貌、政治制度等，表达了作者浓浓的爱国情。

4. 综合类

（1）《叶永烈讲述科学家故事 100 个》

看点推荐：该书是一本有趣的故事书，讲述了 100 个关于科学家的故事。这本书的每一个故事，都附有科学家的画像和简历，这样，你会更深入地了解这些科学家们。

内容简介：该书介绍了古今中外 100 位科学家的励志故事。书中有中国从红领巾到数学家的杨乐、张广厚，妙手神医华佗，享有国际声誉的祖冲之等，也有古希腊数学家欧几里得、阿基米德，英国生理学家哈维等，他们都是人类科学发展史上的重要人物。书中的每一个故事，只是一段"折子戏"，只是截取科学家一生中某个光彩照人的片段。因此，这本书可以说是"折子戏集锦"，而不是长篇传记。

（2）《诺贝尔奖获得者与儿童对话》

看点推荐：这本书不仅适合儿童阅读，还适合成年人阅读，更适合亲子共读。这些睿智的人所讲的最质朴的道理，内容通俗易懂，语言妙趣横生。

读这本书会给大家带来意想不到的惊喜，快带着你的好奇心走进这本书吧！

内容简介：该书是由德国作家贝蒂娜·施蒂克尔编纂的一部独特科普读物。全书邀请了 20 位诺贝尔奖得主（涵盖物理、化学、医学、文学、和平等领域）及 1 位菲尔兹奖得主，以问答形式回应儿童提出的 21 个天真而深刻的问题。这些问题涉及科学原理（如"为什么树叶是绿的？"）、社会现象（如"为什么有贫穷和富裕？"）、哲学思考（如"我们为什么必须上学？"）等多个维度，展现了顶尖学者如何以通俗易懂的语言解释复杂知识，同时传递对人性、和平与科学伦理的关怀。

5. 文言类

(1)《世说新语》

看点推荐：季羡林先生评价该书："这不是一部史书，也不是某一个文学家和诗人的总集，而只是一部由许多颇短的小故事编纂而成的奇书。"

内容简介：该书主要记述魏晋名士贵族的言谈轶事。书中记载的是关于各类人物言行的小故事，非常有趣，内容涉及人物评论、清谈玄言、机智应对等。通过简单的刻画将人物的性格气韵刻画得生动灵活，跃然纸上。语言简约传神，平白浅易，含蓄隽永。

(2)《论语》

看点推荐：人无论在什么阶段读《论语》，都能品味出不同的智慧，为生活的难题找到答案。读《论语》，就是与一位"温而厉，威而不猛，恭而安"的智者对话，在他的言行中照见自己的生命可能。

内容简介：该书是春秋时期思想家、教育家孔子的弟子及再传弟子记录孔子及其弟子言行而编成的语录文集，成书于战国前期。全书共 20 篇 492 章，以语录体为主，叙事体为辅，较为集中地体现了孔子及儒家学派的政治主张、道德观念、教育原则等。作品多为语录，其主要特点是语言简练，浅显易懂，而用意深远，能在简单的对话和行动中展示人物形象。《论语》自宋代以后，被列为"四书"之一，成为古代学校官定教科书和科举考试必读书。

脚步丈量不到的地方，书可以；

眼睛眺望不到的远方，书可以。

——《人民日报》

优质阅读不是被动接受，而是通过结构化引导，让孩子建立"输入–处理–输出"的完整认知闭环。读进去是知识的输入，想透彻是认知的沉淀，说出来是思想的淬炼。"输入–处理–输出"的认知闭环，需要家长以共读为舟，以对话为桨，在字里行间与孩子共同探索思想的深海。

让我们一起陪着孩子"每天向前走"，遇见诗行中升起的朝阳，遇见故事里闪烁的星光。在书页翻动的簌簌声中，将万千世界的风景装入行囊。

参考文献

边玉芳，2021. 读懂学生 [M]. 北京：北京师范大学出版社.

布鲁纳，1960. 教育过程 [M]. 邵瑞珍，译. 北京：文化教育出版社.

陈佳园，2023. 基于交叠影响域理论试析家校社协同育人的实现途径 [J]. 创新教育研究，(11)：15-22.

《儿童心理医学》编辑部，2023. 躯体化症状与未处理情绪的相关性研究 [J]. 儿童心理医学，15 (2)：45-58.

房晓飞，曹彦杰，2024. 家校社多主体协同参与：韩国革新教育区项目的特征与启示 [J]. 外国教育研究 (5)：45-60.

加德纳，2013. 智能的结构 [M]. 沈致隆，译. 杭州：浙江人民出版社.

李怡潇，张玥，王定华，2024. 美国中小学家校社协同育人模式及启示 [J]. 基础教育参考 (4)：33-48.

蒙台梭利，2005. 童年的秘密 [M]. 马茉根，译. 北京：人民教育出版社.

聂震宁，2017. 阅读力（修订版）[M]. 北京：生活·读书·新知三联书店.

皮亚杰，1980. 儿童心理学 [M]. 吴福元，译. 北京：商务印书馆.

宋伟，贡艳霞，2023. 家校社多方协同 促学生心理健康发展 [J]. 中小学校长 (11)：5-12.

苏霍姆林斯基，1984. 给教师的建议 [M]. 杜殿坤，译. 北京：教育科学出版社.

维果茨基, 2018. 社会中的心智: 高级心理过程的发展 [M]. 李维, 译. 上海: 华东师范大学出版社.

张竹林, 2021. 教师家庭教育指导能力建设论 [M]. 上海: 华东师范大学出版社.

中华人民共和国教育部, 2022. 义务教育课程标准 [S]. 北京: 北京师范大学出版社.

中国科学院心理研究所, 2022. 中国青少年心理健康调查报告 [M]. 北京: 中国科学院心理研究所.

朱永新, 2010. 我的阅读观 [M]. 北京: 中国人民大学出版社.

BARRETT L F, 2017. How Emotions are made: the secret life of the brain [M]. Boston: Houghton Mifflin Harcourt.

CHILD EMOTION MEMORY LABORATORY, 2021. Public shame and emotional recall in children [J]. Journal of Child Psychology, 33 (1): 12-25.

ELLIS A, 1957. Rational Psychotherapy and Individual Psychology [J]. Journal of Individual Psychology, 13 (3): 38-44.

IRIS MANÇI, 2018. School as a community center: impact of school-family-community partnership in student education [J]. American Review of Public Administration, 95 (6): 789-801.

KOWALSKI R M, 2003. Complaining, teasing, and other annoying behaviors [M]. New Haven : Yale University Press.

RIZZOLATTI G, et al., 1996. Premotor cortex and the recognition of motor actions [J]. Cognitive Brain Research, 3 (2): 131-141.

SELIGMAN M E P, 2006. Learned optimism: how to change your mind and your life [M]. New York: Vintage Books.

WHITE M, EPSTON D, 2007. Narrative means to therapeutic Ends [M]. New York: W. W. Norton & Company.

YALE CHILD STUDY CENTER, 2020. Emotional granularity in school-age children [J]. Developmental Psychology, 56 (4): 789-801.

后记

合上这本书时，或许您会凝视扉页上深浅不一的折痕——那是无数家庭在黄金六年中留下的生命刻度；或许您会瞥见某页边缘的茶渍或折痕——请别急于抚平，这些印迹恰是教育真实的纹路。

通识卷·家庭教育，在根系与星空间生长

家庭教育从不是精装画册，而是父母与孩子共同涂抹的手账：有潦草的字迹，有晕染的泪痕，更有在困惑与顿悟间反复折叠的褶皱。我们深知，书中的理论框架永远追赶不上生命的蓬勃生长，但正是这种"未完成性"，让教育始终充满向前的张力。

（一）根系：向下扎根的生命自觉

本书反复言说"父母的自我觉醒"，绝非苛求完美，而是呼唤一种扎根的勇气。当您在书中通过"情绪觉察"内容触摸内心的焦虑，在"让爱被看见"内容中照见自己的局限时，教育已悄然发生——它不在对孩子的雕琢中，而在父母与旧我撕裂又重建的裂痕里。家庭教育理论的价值，不在于提供标准答案，而在于唤醒这种"向下扎根"的自觉：让父亲在对话中重新理解"陪伴"的重量，让母亲从"温柔随行"转向"坚定共生"，让整个家庭在价

值观重构中，找到属于彼此的呼吸和节奏。

（二）枝干：协同共生的教育生态

书中构建的"家校社医"协同网络，实则是打破教育孤岛的破冰之舟。我们刻意在"护航童年 守护健康"一章保留医学的冷峻数据，在"学会劳动 美好生活"一章注入泥土的温度——因为真正的教育生态，既需要科学的理性之光，亦离不开生活的烟火之气。正如埃里克森笔下的"心理社会危机"，儿童的人格发展始终在个体与环境的碰撞中完成，而家庭，正是这场碰撞最初的缓冲层与共振腔。

（三）年轮：写在时间褶皱里的教育史诗

六年，足够让幼苗抽枝，让父母鬓角染霜。本书扉页的空白处，或许已留下您批注的感叹号与问号——这些符号本身，就是家庭教育从混沌走向澄明的年轮印记。我们始终相信：当母亲学会把"快点吃饭"换成"今天的青菜是什么味道"，当父亲放下手机参与孩子的问题讨论时，教育的年轮便多出一道金色的纹路。

此刻，请您走到窗前。楼下奔跑的孩童，书包里装着刚绘好的假期生活课程设计草图；阳台上晾晒的衣服，褶皱里藏着亲子共读的对话。这些琐碎，终将在时光中发酵成生命的厚度——因为家庭教育的终极答卷，从来不在书页间，而在孩子二十年后的某个清晨：当他们自然地蹲身为老人系鞋带时，当他们在团队争执中说出"我理解你的感受"，黄金六年的教育回声，便真正完成了代际的传递。

书中的内容或能成为家庭教育长卷中的一枚书签，标记觉醒的瞬间，见证共生的轨迹。毕竟，最好的教育永远是"未完成"的——就像一棵树，根系深扎泥土，枝叶永远向着星空生长。

年段卷·谱写生长节律中的教育诗篇

教育从来不是按图索骥的程式，而是在"计划"与"生成"的张力间，让每一段成长节律自然舒展。我们深知，书中所列的年级指引，不过是教育长河中的几枚路标；真正的教育诗篇，永远诞生于父母与孩子共同书写的日常褶皱里。

（一）年轮与根系：成长的辩证之道

从一年级的"规则启蒙"到六年级的"领导力初现"，六年时光宛若一棵树的年轮，每一圈都镌刻着独特的生命密码。本书试图以科学路径描摹成长轨迹，却始终敬畏儿童生命的"未完成性"。正如中国著名教育家叶澜教授所言："教育要做的不是填充，而是唤醒；不是修剪，而是成全。"那些看似"分年级靶向"的指引，实则是为家长提供观察的透镜——在一年级孩子笨拙整理学习用具的瞬间，看见自理能力背后独立人格的萌芽；在五年级青春期的沉默与躁动中，触摸自我认知重构的阵痛与生机。

六年，是儿童认知进阶的阶梯，更是父母重新理解"时间"的修行。当我们谈论"关键期"，绝非制造焦虑的倒计时，而是邀请父母以"静待花开"的从容，在琐碎中捕捉教育发生的刹那。

（二）阅读与实践：经验的螺旋上升

书页间的阅读推荐与研学课程，并非知识的单向传递，而是为家庭搭建"经验改造"的实验室。低段的绘本共读，是亲子依偎时共享的温暖磁场；高段的"整本书阅读"，则是儿童与经典对话的精神远征。当孩子跟着书本去旅行、去践行、去创生时，知识已从符号升华为生命的体验。

（三）协同共生：教育生态的破界之舞

"家校社医"协同育人，绝非简单地将教育责任进行机械分摊，而是意味着打破不同领域之间的壁垒，实现生命成长过程中的共振与和谐。当医生深入解读儿童睡眠周期的生物密码，当科学家深入浅出地向孩子介绍人工智能的奥秘，当家长亲自带领孩子丈量街巷的宽度，体验生活的广度与深度，教育的时空便不再局限于书房之内，而是从书房延展至天地之间，让孩子在更广阔的天地中学习和成长。

亲爱的家长们，请将本书视为一把钥匙，开启孩子成长之门。当您带着书中的思考走进书房、校园、山野，与孩子争论一道数学题，或共同仰望星空时，教育的真谛方才显现：它不在缜密的计划表里，而在亲子眼神交汇的瞬间；不在专家的理论中，而在您俯身倾听孩子心跳时的顿悟。

愿本书，能化作您家庭教育叙事篇章中的一枚逗号。因为教育最美的篇章，永远就写在未来——当曾经的孩童在某个月夜忽然懂得：那些看似平凡的黄金六年，原是父母以生命为笔，为他们写就的最深情的诗篇。

涂久尚[1]　赖小静[2]

2025 年 2 月

---

① 涂久尚：高级教师，四川省骨干教师，绵阳市优秀校长，绵阳市义务教育专家库成员，主持完成省级项目两项，参与省市级项目四项，曾获省、市竞教竞技及论文一等奖，参编《为促进学生"探究"而教》。

② 赖小静：绵阳市教育科学研究所义教室副主任、高级教师，义务教育道德与法治学科教研员；四川省基础教育教学指导专业委员会专家；教育部新时代中小学学科领军教师示范性培训培养对象。多个项目获省政府、市政府教学成果奖；多篇论文获省级及以上奖励，并在核心期刊发表。